U0137591

Parenting
with
Love and
Wisdom

这样爱你
刚刚好，
我的2—3岁孩子

朱永新　孙云晓　李燕　主编

蓝玫　副主编　　王英杰　黄开宇　本册作者

CNS　湖南教育出版社
PUBLISHING & MEDIA

编 委 会

把幸福还给家庭（代序）

父母的教育素养，直接影响甚至决定着孩子的发展。

在教育中，家庭是成长之源。一个人的一生有四个重要的生命场：母亲的子宫、家庭、学校和职场。其他三个场所随着时间改变，家庭却始终占据一半的分量，是最重要的场所。孩子的成长，最初是从家庭生活中得到物质和精神的滋养。人生从家庭出发，最后还是回到家庭。

在家庭教育中，父母的成长是孩子成长的前提。家庭教育不只是简单的教育孩子，更是父母的自我教育。没有父母的成长，永远不可能有孩子的成长。与孩子一起成长，才是家庭教育最美丽的风景，才是父母最美好的人生姿态！抚养孩子并不仅仅是父母的任务，也是父母精神生命的第二次发育。对孩子的抚育过程，是父母自身成长历程的一种折射。如果父母能够用心梳理孩子的教育问题，就能回顾和化解自己成长中出现的问题，就能实现精神生命的第二次发育，再次生长。

过一种幸福完整的教育生活，是家庭教育的根本朝向。"幸福"不仅仅是教育的目标，更是人类的终极目标。幸福教育是幸福人生的基础。新教育实验的理想，就是让人们快乐、自主地学习，真正地享受学习生活，发现自己的天赋与潜能，在和伟大事物遭遇的过程中发现自我、成就自我。教育本来就是增进幸福的重要途径。挑战未知，合作学习，应该是非常幸福的。所以，家庭应该和学校、社区一道，努力创造让孩子幸福成长、快乐学习的环境。把童年还给孩子，把幸福还给家庭，是我们这套教材的核心理念。

"完整"的内涵比较丰富，但最重要的精神就是让孩子成为他自己。现在教育很大的问题，就是用统一的大纲、统一的考试、统一的评价，把本来具有无限发展可能的人变成了单向度的人。我们的教育是补短，就算把所有的短补齐了，也只是把所有的孩子变成一样了，而不是扬每个孩子所长。其实，真正的教育应该扬长避短。人什么时候最幸福？发现自己才华，找到自己值得为之付出一生努力的方向，能够痴迷一件事情，实现自己的梦想，一个人在这时才是最幸福和快乐的。这就是新教育所说的完整幸福。

如今，教育是父母最关注的问题，但家庭教育却在父母的焦虑中常常脱离了正确的轨道。为了"幸福完整"这一目标，我们的父母应该建设一个汇聚美好事物的家庭，自身也应该成为美好的人，从而帮助孩子成为更好的自己。

理念比方法更重要，但并不意味着方法没有价值，相反，只有好的方法才能让好的理念真正落地。因此，我们邀请了知名教育研究机构的相关专家，精心编写了这套新父母系列教材。这是国内第一套从孕期开始直到孩子成为大学生的父母系列读本，希望能够为不同年龄、不同阶段孩子的父母提供蕴藏正确理念的有效家庭教育方法。

父母对孩子的爱，再多也不嫌多。父母如何爱孩子？随着时代的变迁，方法也在不断改变。如何才能更好地爱？我们以"智慧爱"的理念，探索着充满智慧的、恰到好处的爱的方法，对此还在不断研究之中，这套书也会不断修订。希望广大父母读者及时提出意见与建议，让我们一起完善这套书，让我们对自己、对孩子、对世界，都能爱得刚刚好。

朱永新

2017年6月16日写于北京滴石斋

目 录

1

顺从与执拗并行的
2—3 岁孩子

1. 可爱和懂事——父母的"小棉袄"

作为丈夫或者妻子，你是不是有时候会抱怨另一半什么都不做，一下班就知道看电视、玩手机，做"甩手掌柜"？尤其是在孩子很小的时候，自己每天忙工作、忙孩子、忙家务，没有人体谅你的辛苦。不要着急上火，你的贴心"小棉袄"马上要上线了。孩子2岁多的时候，经常会表现得特别乖巧懂事。当你累的时候，他还能够用小拳头在你的后背敲打，给你消遣解闷，你也会突然间觉得你做的一切都是值得的。

情绪稳定的"开心果"

孩子到了2岁以后，情绪逐渐趋于稳定。在大多数时候，他能够快乐自足地玩耍，甚至不需要大人的陪伴。

这个时候，你不会再觉得自己只是单纯地付出而得不到回报了，2岁多的宝宝能够使用最直接的方式表达他对你的爱。当你下班回来时，他会飞快地跑过来，用热情的拥抱和天真的笑脸暖化你的心。在他心里，父母不再仅仅是满足他生理需求的照顾者，还是他的朋友、玩伴，是他最值得依赖的人。

2 岁多的孩子不仅能够自娱自乐，还能够愉悦他人。他是家里的"开心果"，有了他，家庭生活再也不会单调。他和你交流时的咿呀咿呀的声音，他走路憨态可掬的样子，都会惹得你哈哈大笑。

会做事，懂礼貌

2 岁多的宝宝已经能够自己做很多事情了。他会拿着玩具满屋子乱跑，自己玩得不亦乐乎，你不用时时刻刻守着他；他会自己用勺子扒饭，有时看见你用筷子吃饭，也会试上一试，但是吃到嘴里的远没有掉到桌上和地上的多。如果是在你的指导下，他还能够做一些力所能及的家务呢！你可以让孩子帮你扔垃圾、给你拿小凳子、帮你捶背，他一般都会乐此不疲地行动起来。当然，你不能指望他能做多好，在孩子的眼中这些只是游戏，是他生活的一部分。

这个年龄段的孩子，表现得不像以前那么"没规矩"了。他有自己表达礼貌的方式，见到陌生人不那么害怕了，会微笑着看别人，但可能需要成人的言语指引才能说一些礼貌用语。所以，这个阶段也是孩子礼貌教育和规则教育的关键时期，父母可以在日常生活中进行言语引导或者行为示范。

喜欢观察和探索

2 岁多的孩子对周围的事物充满了强烈的好奇心。他几乎对所有的东西感兴趣，不管看到什么，都会去看一看、摸一摸，直到玩腻了才肯罢休。他对细小的东西尤其感兴趣，喜欢探索各种洞洞。这个时候，你一定要注意孩子的安全，尤其是墙上的插座不能安装得太低，或者用专门的保护盖盖起来。

虽然已经 2 岁了，但是他还保留了很多以前的习惯，有时还会把嘴和牙齿当成探索事物的工具。他看到感兴趣的东西时，会像 1 岁时那样，把东西放到嘴里品尝一下。所以，家里危险的药品或者清洁剂之类的东西，一定要放在孩子够不到的地方。

如果放任孩子去探索，也会付出一些"代价"。他的腿脚变得很利索，如果没人拦着，把家翻个底朝天也有可能。他会把刚刚还拿在手里的电视遥控器随手扔到床下面，可能还会跑到洗手间的马桶边玩水，甚至在你毫无察觉的情况下用你的牙刷刷马桶，那可就"杯具"（悲剧）了。"胆大包天"的娃娃还敢拿妈妈的口红当蜡笔用，把爸爸的鞋油涂在镜子上，搞得家里一团糟。但是，请你不要太在意，在保证孩子安全的情况下，这些反而能增加生活的乐趣，活跃家庭氛围。

2. 独立和偏执——家里的"捣蛋鬼"

每天看着自己家的"小棉袄"慢慢长大，固然是一件很幸福的事情，但是，2—3岁的孩子是一个矛盾的结合体，既和顺又叛逆，刚才还是父母的贴心"小棉袄"，一会儿又变成了活脱脱的"捣蛋鬼"。孩子在2岁以后，自我意识开始慢慢出现，开始变得比较独立，想要自己做事情，甚至在某些方面近乎偏执，爸爸妈妈也要做好准备哦！

固执，不听话

2岁多的孩子，除了乖巧可爱之外，还是"蛮横""不讲理"的代名词。"晓之以理，动之以情"这种方法很多时候用在他们身上不太奏效。这个阶段的孩子，大多数时候是按照自己的意愿和想法做事情，尤其是在情绪状态不好的时候，根本是"油盐不进"，任你苦口婆心地劝导，就是不听。例如，吃面条的时候，他总是要把面条倒在水杯里吃，当你阻止他的时候，他可能会特别生气。他就是很享受这样的吃饭过程，把吃饭当成游戏玩，谁拿他都没有办法。作为父母，需要理解孩子的这些行为，他的霸道、蛮不讲理源于对未

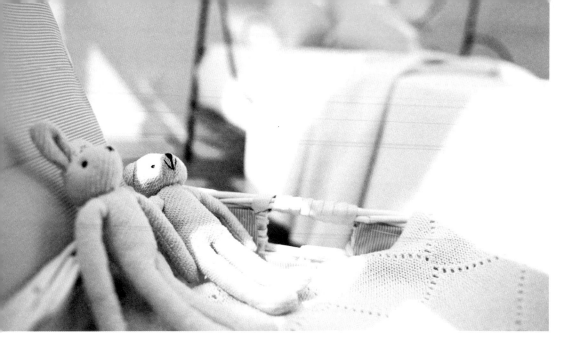

知事物或一些操作方式的兴趣，或者由于对事物的不确定性产生的一种探索欲望。

"自私自利"

有时候，你还会发现 2 岁多的孩子表现得很"自私"。他经常喜欢独占一个玩具，不和其他小朋友分享。在他眼里，自己的是自己的，别人的也是自己的。从他手里拿走东西，是比登天还难的事情。如果他有 5 块饼干，让他拿出一块分给小弟弟或小妹妹，他往往是拒绝的。

看到孩子这样，大人总忍不住会生气。其实这正是 2—3 岁孩子的特点，由于自我意识的出现，他的物权意识也开始萌发。你常常会发现，他在和别的孩子一起玩的时候，对自己的玩具有很强的保护欲，不会和任何人分享，不管是手中正在玩的玩具，还是放在一边的玩具。对他来说，东西要比朋友重要很多，他很少会牺牲自己的物品去维持与他人的关系。他觉得自己是可以控制和支配一些事情的，他的占有欲往往很强，喜欢掌控别人，不喜欢被束缚。所以，他经常会因为小伙伴拿了他的东西而大打出手。

"眼高手低"

有人说2—3岁是孩子的第一个叛逆期，这时候他总是想要摆脱父母的控制和支配，具体表现为总是要求自己做事情，不要大人插手。他不喜欢别人喂他吃饭，帮他穿鞋子，凡是他想要自己做的，任何人都不可以插手，即使大多数时候，他做得非常不好：自己吃饭，撒得满身都是；自己穿鞋子，穿了半天还把两只鞋穿反了。

孩子尝试着自己做事情，是独立性需要的体现，你不用担心。孩子各方面的能力和感知觉经验，都是在动手操作中获得的，即使他做得不好，又有什么关系呢？让孩子享受动手操作的过程，享受由自己的努力而获得成功的快感，才是最重要的。

行为刻板

2岁多的孩子在某些事情上似乎有些偏执，对任何东西都要求一致。任何一件事，不管是它发生的顺序、方式，还是物品存放的地点，孩子都要求保持不变，例如，穿衣服一定要先穿上衣再穿裤子；物品一定要摆放在他第一次见到这件物品时所在的位置；妈妈的手机一定要放在妈妈的口袋里，爸爸不能使用；等等。

行为单调刻板，主要是因为孩子的认知能力有限，用他熟悉的方式做事情，他就能够最大限度地体验到安全感。请不用担心，随着孩子年龄的增长、生活经验的增多和认知能力的提高，这种行为也会慢慢消失。

喜欢"对着干"

说2—3岁的孩子是一个矛盾的存在，一点儿也不夸张，因为他总是能做出一些匪夷所思的事情来。他违背父母的意愿做事情，急切地想要摆脱别人的控制，这可以理解，因为这是独立自主性的体现。但是，他往往自己也是言行不一，常常会违背自己的意愿，走向相反的极端。他明明想要红的，却偏要选蓝的；本来想做某件事，却偏偏在你询问他时回答"不"。

对于这样的行为，你也不用恼火。这恰恰是他认识和探索世界的方式。在孩子成长的过程中，会遇到很多让你困惑的行为。作为父母，我们也没有必要对孩子的每一种行为都追根溯源，这些都构成了他们成长的一部分。人既是理性的，也是感性的，孩子更是这样。有时候他们仅仅就是为了好玩，仅仅是在享受玩的过程。

3. 了解孩子并助力其成长——父母的挑战

2—3 岁是孩子发展比较特殊和敏感的阶段，孩子的自我意识开始出现，身体活动变得更加自如，伴随而来的是孩子在行为和情绪方面的一系列变化，会出现很多让人头疼的问题。这些都对初为人父人母的家长提出了很大的挑战。面对孩子身心发生的变化，你做好准备了吗？

转变自己的角色

"问题岁岁有，2 岁特别多。"孩子在发展的每个阶段都会产生新的问题，但似乎 2—3 岁是孩子一生中第一次问题集中的年龄段。也有人把 2—3 岁称为孩子人生的第一个危机期和第一个转折期。孩子发生了变化，作为父母，也应当做出相应的改变。

2 岁之前，孩子的问题主要集中在生理的需要是否得到满足，他情绪的变化也主要和吃喝拉撒相关。父母只要照顾好他的身体，就会解决生活中的大多数问题。然而 2—3 岁孩子出现的很多问题，都源于自我认识能力的提高，以及身心想要脱离控制的需要。他不再仅仅关心生理需要是否被满足，情绪和行为变化的社会性动因开始慢慢增多。

妈妈出差回来没有给他带好玩的玩具；兴冲冲地跑到姐姐身边和姐姐玩，姐姐不理睬他；邻居家的小哥哥拿了他的玩具；妈妈给他吃不喜欢吃的青菜；等等，都有可能造成孩子情绪的波动。有时候你甚至都不知道是什么原因，孩子就莫名地不开心，做出一些稀奇古怪的行为。孩子的这些变化，都要求父母不再仅仅做照顾孩子饮食起居的"保姆"，而是做细心的观察者，做孩子的知音，做了解孩子的人，做孩子的助手。

父母要观察孩子生活的点滴，准确地了解孩子的发展规律和行为特点。孩子玩游戏时，你做他的玩伴；孩子探索周围事物时，你做他忠实的守护者和观察者；孩子取得小小的"成功"时，你是他忠实的粉丝和第一个喝彩者；孩子遇到困难和挫折时，你做孩子的指引者；孩子出现行为问题时，你做他的第一位老师，及时地为他修剪枝叶。总之，父母应当根据孩子的情况及时地切换自己的角色，帮助孩子更好地成长，也为他进入幼儿园集体生活打下良好的基础。

积极地回应孩子，享受育儿的快乐

2岁的孩子大多数时候是父母的贴心"小棉袄"，乖巧、聪明、懂事。作为父母，更应该认真体察孩子的每一点进步与成功，及时地给予赞赏与鼓励，让孩子感觉到他每一点的成长都是受到父母关注的，父母是为有他这样的孩子而自豪的。

当孩子给你看他搭好的积木或者涂鸦的作品时，请给他一个大大的"赞"；当孩子出门迎接下班的你时，请给他一个亲切的拥抱，和他谈论一天发生的事情，让孩子知道，一天没有见到他，你和他一样地想念彼此；当自己工作非常忙时，请不要无情地推开兴致勃勃找你玩的孩子，请告诉孩子："我正在工作，每个人工作的时候都要一心一意，你也可以去'工作'，等咱们都结束之后，再一起玩。"即使当你心情不佳时，向孩子吐露心声，和孩子一起玩乐，也不失为一种很好的排解方法。

悦纳孩子的不足，做好孩子的第一任老师

2—3岁是孩子问题集中的年龄段。如果你是个急性子，那你可能每天会有发不完的邪火、生不完的气，但孩子可能还是依然我行我素。最新育儿理论认为，对3岁以内的孩子，父母都应该无条件地爱，接纳孩子一切的任性乃至"胡作非为"。仔细想来，每个大人都会有这样那样的不足，更何况是一个2岁的孩子呢！调皮捣蛋、到处闯祸、固执不听话，这就是一个2岁孩子应该具有的行为特点。如果每个孩子都像一个"小大人"一样，那就失去了他应有的童真童趣。

但是无条件地悦纳孩子，不等于一味地迁就、宠溺，爱也是有原则的。接纳孩子调皮捣蛋的同时，父母也应适时恰当地引导。2—3

岁是给孩子建立规则的关键时期，父母可以通过言语指导和行为示范的方式，让孩子在耳濡目染的过程中养成良好的习惯。你可以告诉孩子：玩完玩具，要把玩具送回原处；见到别人要打招呼问好；请别人帮忙时，要使用礼貌用语等。当然，在孩子违反规则时，也不要姑息，应该按照事先跟孩子说好的方式进行处理。给孩子具体、明确、正面的行为指导，而不总是把"不"字挂在嘴边。

如果父母能够管理好自己的情绪，并引导孩子做好情绪的调节和行为的管理，对待孩子严慈相济，张弛有度，就能还你一个可爱宝宝。

小贴士　牵一只蜗牛去散步

上帝给我一个任务，叫我牵一只蜗牛去散步。

我不能走太快，蜗牛已经尽力爬，为何每次总是那么一点点？

我催它，我唬它，我责备它，蜗牛用抱歉的眼光看着我，仿佛说："人家已经尽力了嘛！"

我拉它，我扯它，甚至想踢它，蜗牛受了伤，流着汗，喘着气，往前爬……

真奇怪，为什么上帝叫我牵一只蜗牛去散步？

"上帝啊！为什么？"天上一片安静。

"唉！也许上帝抓蜗牛去了！"好吧！松手了！

反正上帝不管了，我还管什么？

让蜗牛往前爬，我在后面生闷气。

咦？我闻到花香，原来这边还有个花园。

我感到微风，原来夜里的微风这么温柔。

慢着！我听到鸟叫，我听到虫鸣。

我看到满天的星斗多亮丽！

咦？我以前怎么没有这般细腻的体会？

我忽然想起来了，莫非我错了？

是上帝叫一只蜗牛牵我去散步。

有一种教育叫等待，在等待中你会发现，原来蜗牛也是这么优秀；有一种成长需品味，在品味中你会发现，原来生活也可以这么美好。面对孩子的调皮捣蛋，你偶尔也有失去耐心的时候，但是孩子却在不知不觉中向我们展示了生命中最初最美好的一面。所以，作为父母，何尝不可以放慢匆匆的脚步，把自己的主观想法抛在一边，陪着孩子一起体验生活的酸甜苦辣，倾听孩子内心声音在俗世的回响。

给孩子高质量的陪伴

在孩子心里，让他感到幸福的都是父母跟他一起做的一些"小事"，就是这些"小事"在孩子眼中最有意义。如果你需要朝九晚五地工作，那就请你千万不要错过你为数不多的跟孩子相处的时间。即使你不需要坐班工作，也请你注意自己是否花时间和孩子一起做了一些有意义的事情。

所谓高质量陪伴，更需要父母陪伴孩子时的情感投入。在和孩子相处时，积极或消极的情绪状态，都会对孩子有直接的影响。如果孩子在玩玩具，在看书，你却在旁边兴致勃勃地玩手机，看电视，你也可以说你花了时间陪伴孩子，但是远没有达到陪伴的效果。高质量陪伴更需要父母的倾听、语言或肢体的交流。

回顾与思考

> 1. 你的孩子在顺从与执拗方面分别是什么样的表现？
>
> 2. 面对孩子身心发生的变化，你应该如何做？
>
> 3. 什么是高质量的陪伴？你给了孩子高质量的陪伴吗？

第二章

稳步发展的小超人

2

1. 身体的发展变得有规律

儿童早期，父母最关心的莫过于孩子身体的健康了，甚至有些过于敏感。有些父母到处咨询：给孩子吃羊奶好还是牛奶好？我的孩子是不是缺钙？给孩子买什么样的钙片比较好呢？我的孩子是不是太胖了？我的孩子是不是有点矮？……其实，你大可不必焦虑，2岁多的孩子，一方面他还比较脆弱、稚嫩；另一方面，他的身体进入高速发育时期，初步形成了属于自己的生长规律。

关注孩子的生长曲线

大多数人都喜欢胖胖的小孩子，觉得孩子长得又高又胖，就会很健康、很萌、很可爱。那么怎样判断孩子的身高体重是否正常呢？我们通常使用百分等级来描述某个孩子在同龄孩子中的发展情况。例如，一个孩子的体重处在第 40 个百分等级，那么就有 40% 的同龄儿童在体重上比他轻，有 60% 的孩子的体重比他重，也就是说，孩子的体重接近于同龄群体的平均值。

孩子身高体重的百分等级在生命的头两年里变化比较大，2 岁以后趋于稳定，由此逐渐形成了自己的生长曲线。如果孩子在已经形成的身高体重生长曲线上有一个下降的偏差，可能意味着他在这段时间内正在遭受某种疾病，或者身体的某方面需要补充营养。如果孩子体重生长曲线上有一个上升的偏差，意味着他有向肥胖症发展的趋势；若身高生长曲线上有一个下降的偏差，意味着孩子可能有身材相对矮小的症状，这些都需要父母引起足够的重视。

保护乳牙，远离龋齿

孩子两岁半时，乳牙已经基本出齐。由于孩子的牙齿发育基本完成，他能够咀嚼大多数食物，能吃的食物也越来越丰富。

孩子大多偏爱甜食，如果不注意饮食习惯，容易引发龋齿。许多父母认为龋齿并不是问题，因为乳牙最终都要脱落。这种想法是不对的，如果乳牙由于龋齿感染而过早脱落，恒牙还没有萌出并填补该位置，这时其他乳牙就会发生移位并填补空缺，导致恒牙萌出前已经没有位置了。因此，父母应该引导孩子从小养成健康的卫生习惯，吃完东西及时漱口，早晚刷牙，注意保护牙齿。

小贴士　你的孩子刷牙了吗?

想要自己的孩子有一口健康洁白的小乳牙，除了养成良好的饮食习惯之外，适时地、正确地刷牙也是重要的环节之一。有些父母认为小孩子不用刷牙，刷牙是大人的事情，或者等乳牙全部长齐后才让孩子刷牙，这是不正确的认识和做法，会增大孩子牙病出现的概率，不利于口腔保健和对食物的消化吸收。

原则上说，什么时候长牙，什么时候就应该刷牙。但是宝宝6个月左右长出牙齿时，年龄太小，不适合用牙刷，父母可以用消毒纱布蘸冷开水或干净凉水每天擦洗宝宝长出的牙齿1~2次，睡前擦洗尤为重要。如此经过一段时间后，再逐步教会孩子漱口。两岁半以后孩子乳牙全部长齐，可以逐步使用合适的小牙刷进行刷牙训练。

教养孩子有妙招

2—3岁是孩子身体发育的高峰期，健康的身体是基础。充足的营养、良好的生活和饮食习惯能够有效地促进孩子的生长发育。很多妈妈肯定有拿着饭碗追着孩子满屋子跑的经历，肯定有用"宝宝，再吃最后一口"的谎言哄骗孩子吃饭的做法。父母都希望自己的孩子有个好胃口，多吃饭，长大个，身体棒棒的。殊不知，恰当的饮食和运动才是孩子所需要的。那么，父母要怎样当好孩子的"后勤部长"，为孩子的身体发育保驾护航呢？

不强迫孩子吃东西

孩子很难像成人一样，一日三餐按时按点吃饭，所以很多父母为了让孩子多吃饭，也是用尽浑身解数"威逼利诱"，效果却不是很好。其实父母大可不必这样，一方面，这个阶段的孩子"蛮不讲理"，不会听从你的安排；另一方面，孩子的年龄小，胃容量也比较小，不适宜一次吃很多。2—3岁的孩子，应当少食多餐，每天大约4~5顿饭，一般3餐主食，1~2餐点心。所以没必要每餐都让孩子吃好喝好，只要努力让他每天好好吃一顿正餐，保证一天充足的营养就可以了。

了解孩子的饮食偏好

每个孩子都有自己偏爱的食物以及饮食方式。例如，有的孩子喜欢外表鲜亮、颜色多样、形状奇特的食物，对那些普通的食物就不屑一顾。同样是面条，普通的面条可能孩子不喜欢吃，但是把面条做成各式各样的英文字母、各种小动物的形状，他却很乐于接受。有些孩子对待新食物就像看到一个从来没见过的玩具一样好奇，但有的孩子只信赖他尝试过的食物。

2岁的孩子已经能够自己吃饭了，但是为了显示他的特殊性，他会在吃饭时跟妈妈撒娇，明明可以自己吃，偏偏要妈妈喂。他很享受这种"星级"的服务，也会在餐桌上"吆五喝六"，那么妈妈就不得不"屈身"于他了。他还总是喜欢自己选择餐桌上的食物，对专门给他准备的食物不屑一顾，还需要大人"连哄带骗"才能吃下。其实只要孩子能够高高兴兴地吃饭，健健康康地成长，又何必拘泥于吃饭的形式呢？

合理控制孩子吃甜食

适当的糖分摄入对孩子是有好处的。糖是人体必不可少的养料，它参与构成身体的组织，并通过代谢提供能量。但是 2—3 岁的孩子乳牙刚刚长全，吃大量的甜食会造成龋齿，并影响以后的换牙。龋齿还会导致孩子牙痛、上火等问题。吃糖过多还容易引发儿童期肥胖和儿童期糖尿病。因此，父母应当严格控制孩子的饮食，预防"甜食综合征"的出现。

父母应当控制孩子每天进食的糖量不超过体重的 0.5‰，让孩子养成吃饭前后、睡前不吃甜食的习惯。平时给孩子多吃一些富含维生素 B_1 的食物，如糙米、豆类、苹果、动物肝脏、瘦肉等，补充由于孩子大量摄入甜食造成的维生素 B_1 供给不足的问题。

"疯玩"有度

这个阶段的孩子精力特别充沛，一旦和几个小伙伴玩得很开心，就收不住。但是，2—3 岁幼儿的骨骼还在继续骨化，短而细，比较松软，弹性大，容易疲劳。长时间的站立、奔跑都会影响其骨骼的发育，造成骨骼弯曲、变形等。可采取动静结合的方法，让孩子坐一会儿玩一会儿，这样可消除或减轻肌肉疲劳，促进骨骼和肌肉的发育，防止胸部和脊柱畸形。

2. 大脑发育逐渐完善

幼儿大脑的发育快于身体的其他部分，正常的 2 岁孩子，脑容量和脑重相当于成人的四分之三。这不仅为孩子认知功能的发展提供了可能，也为孩子大动作和精细动作的发展奠定了基础。与 2 岁之前相比，这个阶段孩子大脑的发展较为缓慢，但并不意味着大脑发育已经完成，许多重要的神经系统发展的里程碑在 2 岁之后才开始建立。

喜欢重复

如果你留心的话，会发现 2 岁多的孩子特别喜欢重复出现的东西。孩子会要求你反复讲同一个故事，读同一本书，唱一首他熟悉的儿歌，看一部他看过很多遍的动画片。父母都觉得不耐烦了，但是他却饶有兴趣，一点儿不觉得厌烦。

其实，这一方面是因为孩子偏好已有认知经验的事物，比如之前听过的儿歌、故事，之前玩过的玩具；另一方面是因为对于接收到的外在信息，孩子只有反复经历后，大脑才能形成长久的连接，留下深刻的印象。所以，当孩子乐此不疲地偏好同样的东西时，也请父母们能够耐下心来，不要厌倦他的重复。

睡眠时间减少

2 岁以后，孩子的睡眠规律开始趋向于成人化，睡眠时间明显减少，孩子开始花更多的时间去看、听、接触各种事物，游戏时间也明显增加。

这个时期，哄孩子睡觉也是父母的重要任务之一。2 岁多的孩子会使用各种手段不去睡觉，他可能一会儿要上厕所，一会儿又要喝水，或者一直贪恋某个玩具，有时没有什么借口就来到你的床边，黏着你陪他玩一会儿。如果父母已经给孩子建立好了睡眠规则，就可以严格要求孩子去睡觉，但如果平时对上床睡觉的时间要求不严，可以让孩子玩一会儿，累了再让他睡。有些孩子如果一直疯玩的话，可能会越来越兴奋，反而睡不着觉。这时，父母可以尝试和孩子一起阅读图画书，给孩子讲故事，这样温馨和谐的气氛非常有助于孩子的睡眠。

小贴士　夜惊

夜惊常常发生在儿童睡眠的上半夜，表现为孩子突然惊醒，坐在床上大哭。受到夜惊的孩子并不能完全醒来，并且常常无法清楚地讲出做梦的内容。尽管父母会对这种情况感到恐慌，但是孩子一般会立刻再度入睡，在第二天也会把这件事忘得一干二净。

夜惊源于从深度睡眠非常迅速地过渡到昏昏欲睡的"半睡眠"状态，更多地发生在孩子体力耗尽或者处于不寻常压力的时候，因此，父母不必过于担心，夜惊与任何潜在的情绪和生理问题无关。

控制能力增强

2岁的孩子开始学会慢慢控制自己的情绪、行为，冲动性相对减弱。在需求暂时得不到满足时，他学会了短时间的等待。他不再仅仅依靠哭这一种方式表达不满的情绪，也开始能够忍受暂时的不愉快，这为培养良好的生活习惯，养成优良的个性品质提供了条件。

在行为控制上，有一点非常重要，就是对自己身体的控制——憋尿。2—3岁的孩子大多不再使用尿布，大多数父母认为一旦不给孩子使用尿布，就要立刻进行如厕训练，这样就会保证孩子晚上不尿床。但是，孩子控制自己膀胱的能力有很大的差异，有的孩子可以整个晚上不撒尿，有的孩子也许一个晚上要撒几次尿。其实，孩子尿床不是一个非常重要的问题，除非这种情况持续到6岁之后。因此，父母也不必对孩子的尿床问题太过担心。

教养孩子有妙招

2—3岁幼儿大脑和神经系统的发育与成熟，使得他们很容易建立条件反射，因此，这也是孩子养成良好生活作息习惯的时期。良好的习惯，不仅使得父母在照料孩子时更加轻松、自如，而且有利于孩子的身体发育，同时对他们的长期发展也有重要意义。良好习惯的培养，应当从孩子生活中的点滴做起。

让孩子睡个好觉

在生活中，很多孩子都是睡觉"困难户"，需要父母花很长时间、变换各种方式哄他们入睡，并且有时还会在半夜醒来，哭着喊着找妈妈，搞得父母和孩子都筋疲力尽。父母可以试试下面的一些就寝策略：

为孩子提供一个固定的白天活动时间表，尽可能地每天坚持；

设定一个有规律的8~10小时的就寝时间；

如果孩子入睡困难，就不再让孩子继续每天的小睡；

建立一个例行的入睡活动，如洗澡、读故事、晚安吻，并且要抵制孩子试图延长时间或者修改已经养成的规则；

给孩子提供一个转移注意力的物体，如特别为就寝时间保留的玩偶或者一个小玩具。

制定这些规则肯定会遭到孩子的抵制，在实施的时候也会面临一些挑战，但是这些习惯的养成能够显著地减少孩子的睡眠问题。父母应当下定决心坚持一段时间，总有一天孩子和你们都会拥有一个安静的睡眠。

避免孩子尿床的措施

2—3岁幼儿夜间遗尿属于正常现象，父母不必大惊小怪。但是父母可以采取一些必要的措施，让孩子能够舒舒服服地睡觉。

要想避免孩子夜里尿床，一是避免睡前让他喝过多水或饮料；二是睡觉前一定要提醒他去厕所小便；三是排除孩子的心理压力，让他开开心心地入睡。如果所有的事项都考虑到了，效果还是不好，你可以观察孩子尿床的规律，在什么时间容易尿床，这样你就可以在那个时间点抱孩子去撒尿，当然这样会比较辛苦。请你采取顺其自然的态度，不要过分在意，随着年龄的增长，绝大多数孩子的这种毛病会不治自愈。

3. 动作协调能力初现

随着视觉的发展和平衡能力的提高，2岁孩子的大动作和精细动作也开始稳定地发展。与此同时，他的独立性和探索能力也大大增强。

奔跑的脚步不停歇

我们经常看到这样的情景：孩子在前面忘情地奔跑，爷爷奶奶担心孩子会磕着碰着，在后面紧紧地追着，有时候甚至都追不上，累得老人气喘吁吁。2岁多的孩子躯体和四肢动作逐渐发展成熟，身体的协调能力大大增强，已经能够很自如地奔跑，比之前更加有把握、更加自信。

但在整个2—3岁阶段，孩子的身体运动能力又表现出很大的差异。刚刚2岁的孩子因为脚踝和膝盖还不能自由活动，所以行动起来受到很大的限制，走路的时候显得比较笨重，不是那么的灵活，奔跑的时候也非常容易跌倒。3岁的孩子已经能够掌握多种动作，相较于2岁时，他能够更轻松地跑，不需要协助就能爬上楼梯，能拖拉或推动大玩具绕过障碍物，单脚跳、双脚跳、两只脚换着跳等各种新动作都可以信心十足地完成。同时，他掌握的技能也更加精细化，跑得更稳、更快，更不容易跌倒，在奔跑时能够稳定地开始、转弯和停止。

涂鸦、搭桥"不在话下"

如果说0—1岁孩子"不知道玩"，1—2岁孩子"不知道怎么玩"，那么2—3岁孩子可以说是"很会玩"。现在的他可以玩简单的拼图，喜欢用水彩笔或者蜡笔在纸上乱涂乱画。这时候，爸爸妈妈要小心啦，因为你家里白色的墙壁上、干净的床单上、你漂亮的衣服上都有可能留下他的大作。他会把积木搭成歪歪扭扭的形状，却硬要说那是一座宏伟的建筑，在大人面前到处炫耀；他会倒拿着书，一本正经地一页一页翻看，嘴里还在不停地念叨着什么，惹得大家捧腹大笑。但是这又有什么关系呢？只要他开心就好。

当然，孩子的这些本领都要归功于手的精细动作的逐渐灵活。儿童精细动作的发展和早期经验息息相关，对两岁半的孩子开始进行早期训练，能够加快孩子掌握相关精细动作的速度。因此，父母要尽可能地给孩子提供机会，让孩子的手指进行各种活动，这是最有效的早期精细动作的训练。

经常"弄巧成拙"

虽然这个阶段的孩子已经能够熟练地进行走、跑、跳等大动作，同时也可以进行一些简单的手眼协调的精细动作，但是不要太信任你的孩子，因为他经常会"弄巧成拙"，好心办坏事，尤其是在手的动作的协调上，还很不成熟。

他喜欢拿着笔乱涂乱画，但是大多数时候他使用整个手掌握笔，确切地说他不是在画画，而是把画笔和纸当成了玩具，往往在自己衣服上、脸上留下自己的"作品"。如果你把颜料给他，等他玩完之后，一次彻底的大扫除肯定是少不了的。他喜欢自己拿着筷子吃饭，但你不要奢求他能够正确地使用筷子，在他手里，虽然已经把筷子当成一种工具，但大多数时候还只是手的延长，最后弄得桌子上、脸上、头上都是饭菜，实际吃到嘴里的却很少。但是不管怎样，他很乐于享受这个主动探索的过程。

教养孩子有妙招

2 岁以后，孩子的活动量开始增加，大小肌肉也进入快速发展时期。如果父母能为孩子提供良好的环境，通过适宜的游戏和活动刺激孩子肌肉动作的发展，将为孩子的健康成长打下良好的基础，同时孩子在探索的过程中也能够理解更加深层次的概念，如"前""后""上""下""里""外"等。

多进行户外运动

户外有很多的学习机会。在沙坑里，给孩子准备各种提桶和铲子，孩子通过往桶里装沙子的游戏，可以锻炼手掌和手指的肌肉及灵活性。在运动场让孩子玩一些大型的玩具，能够促进肌肉和骨骼的生长。他还可以在运动场的隧道中爬行，学习"里"和"外"的概念，在滑滑梯的时候了解"上"和"下"的概念。在踢皮球的过程中，他能够找出哪种型号的皮球最容易踢、扔、在地上滚等。

让孩子做一些力所能及的小事

孩子技能的进步，尤其是操作技能的发展，大多依靠动手操作获得。这个时期，孩子很喜欢做事情，是训练动作的绝佳时机。父母应当珍惜孩子的好奇心和求知欲，放手让他去做一些他愿意做也有可能做好的事情。比如，睡觉的时候可以让他自己学习脱衣服，起床后自己尝试穿衣服、鞋子；如果时间充足，让孩子自己吃饭，也不要太过介意餐桌沦为他的"战场"。

提供安全、宽敞、舒适的活动空间

孩子的大部分时间都是在家中度过的，可在家里设置一个专门的空间，在地板上铺一层安全的泡沫垫，适当添置一些跳跃、钻、爬的大型器具，供孩子玩耍。对于那些祖辈带养的家庭，由于祖辈身体条件的限制，孩子不能经常外出活动，更需要利用这些器具让孩子在家里进行一些大肌肉活动，保证孩子的活动量。

回顾与思考

1. 你了解 2—3 岁孩子身高体重的标准吗？你孩子的身高体重在同龄群体中处于什么位置呢？

2. 如何保护孩子的乳牙，预防龋齿？

3. 你的孩子的睡眠有规律吗？怎样让孩子和你都能睡个好觉？

4. 如何看待孩子尿床的问题？你有什么好的办法能够尽量避免孩子夜里尿床？

5. 怎样做可以促进孩子大动作和精细动作的发展？

3

第 三 章

学习能力的准备

1. 感知能力增强

2岁之后，孩子的好奇心就不仅仅停留在对物体的感知与体验上面了，他开始能够使用结结巴巴的语言表达看到、探索到的事物，开始能够感知不同事物的区别以及一些简单的规律，开始能够理解更加复杂的事物以及事物之间的关系。

视觉发育趋向成熟

当孩子瞪着一双大眼睛，求知若渴地看着你，或在你回来后扑倒在你的怀里，高兴得眼睛眯成了一条缝时，相信这是很多父母所向往的亲子时光。孩子的视觉从出生时只能看清楚距离20厘米左右的物体，到2岁时能够看到很远的事物，一双明亮的眼睛总是那么的可爱，总是在孜孜不倦地探索着周围新奇的事物。

虽然2—3岁孩子的视觉发育趋于成熟，但是视神经对外界的刺激还比较敏感。在这个时候，不良的视觉刺激是引起年幼孩子视力问题的重要因素。因此，阅读大字号的儿童读物、尽量少接触电子屏幕以及养成良好的生活和用眼习惯，才能够远离视力疾病，还孩子一个清晰的世界。

时间先后次序观念开始萌芽

闹闹："妈妈，妈妈，我要鸡蛋羹。"

妈妈："好的，宝贝。妈妈在忙，等会儿妈妈就给你做。"

听到妈妈的话，闹闹却哇哇大哭起来，甚至倒在地上打滚、胡搅蛮缠，吵着立马就要吃鸡蛋羹。妈妈反复跟他强调忙完就会给他做，闹闹还是不依不饶，令妈妈头痛不已。

如果碰到这样的情况，你大可不必生气，因为不是孩子不懂事，太过胡搅蛮缠，主要是对于 2 岁的孩子来说，时间还是一个非常抽象的概念，他只关注现在的状态。他还不能很清楚地理解"等会儿""过会儿"等词语，再加上延迟满足的能力还很弱，所以才迫不及待地想要让需求得到满足。

虽然 2 岁的孩子只能理解"现在""今天"等词汇，还不能很清楚地表述未来，对过去更是没什么概念，但是 2 岁以后，孩子的先后观念开始出现，所以你可以和他说："宝宝，我们先吃完饭，再去玩玩具。"他慢慢能够理解这样的表述，知道做事情的先后次序。

空间认知能力增强

对方位、距离的认识和理解，是孩子能够听懂成人指令以及探索空间的重要基础。2岁以后的孩子在空间认知方面相比之前有很大的进步。他已经懂得"这里""那里""外面""楼上"等方位词语。随着对"里面"和"外面"这两个词语的慢慢熟悉，他开始对物体的内部空间感兴趣。例如，他会经常翻看成人的口袋，而且也特别喜欢自己有口袋的衣服，把手插在裤兜里走路对他来说是一件比较酷的事情。他还特别喜欢把手伸进水杯里，如果有类似于洞穴的地方，他也会伸手去掏。

教养孩子有妙招

2—3岁的孩子对周围的事物特别敏感，好奇心和探索欲望也是他获得知识和经验的主要动力。对于这个年龄段的孩子，如何在生活中丰富他的感知体验，是父母都要考虑的问题。

保护孩子的视力

2—3岁孩子的视觉发育还不成熟，可塑性强，外界环境的变化或者不良的习惯都可能导致视力问题。保护孩子的视力，可以从以下几个方面做起：

定期做视力检查。孩子快要2岁的时候，有时会出现一只眼睛眼珠位置偏斜的状况，这是正常现象，但到了2岁以后眼珠的转动会趋于稳定。如果你的孩子到了2岁以后，不是因为淘气做鬼脸故意扮成"斗鸡眼"，而是眼睛长期偏斜，就很有必要请眼科专家做检查，不要天真地相信"长大以后自然会好"这样的说法。

远离电子屏幕。数字时代，电子屏幕已经成为孩子生活中的一部分，但是它们也是孩子视力的第一大"杀手"。2—3岁孩子的眼睛还处在发育、不稳定的阶段，电子屏幕对孩子的视力有很大的伤害。父母应尽量少让孩子接触，若无法避免，则要严格规定时间，一般每天以不超过15分钟为宜。

避免开灯睡觉。有些2—3岁的孩子会跟父母分房间睡觉，父母担心孩子害怕，就会让孩子开着灯睡觉。殊不知，这会对孩子的视力造成严重损害，长期睡在灯光下的孩子比在黑暗中睡觉的孩子近视的发病率高出4倍。为了孩子健康，一定要让孩子习惯关灯睡觉。

注意孩子的饮食。维生素A和维生素C能够促进眼睛的发育，这些营养素的缺乏也会导致眼部疾病。因此，当孩子可以自主饮食时，父母应当让孩子养成多吃蔬菜、水果的习惯，均衡饮食。

培养孩子的时间观念

2岁孩子的次序感刚刚形成，父母可以在生活中注意对孩子时间观念的培养，但也不用刻意达到什么目标，顺其自然就好。

养成健康良好的生活作息规律。孩子内在的生物钟是建立时间观念的较好方式之一，包括定时喝奶、喝水，按时睡觉和起床等。

一旦制定了孩子的生活作息时间表，就应该严格执行，不能因为一些小事而妥协，比如周末孩子可以晚点睡觉等。

和孩子交谈时，经常使用与时间相关的词汇，例如"明天早上八点妈妈要去上班""下周六我们要出去玩一天"等。不要以为孩子听不懂、什么都不会就不和他说，其实孩子也会根据情景对语言信息进行揣测，久而久之就能够促进对语言的理解。

经常带孩子到户外感受大自然带来的时间变化。例如，可以带孩子到户外感受春天的树枝、花朵，夏天的骄阳，秋天的落叶，冬天的大雪等。这些直接经验，能够加深他对时间概念的理解。

培养孩子的空间观念

"躲猫猫"游戏。"躲猫猫"是孩子最常见也很喜欢玩的游戏，可以提高对方位的认识。你和孩子可以轮流藏起来，当孩子藏起来时，你要对自己寻找过的路线有一个"实况报道"，让孩子想象你的位置；当你藏起来时，可以用语言描述一下自己所在的位置，让孩子通过声音和描述的路线找到你。

整理玩具。让孩子自己玩玩具，玩完后将玩具放回原来的位置。这个任务的完成需要爸爸妈妈用正确的语言提示，比如"动物园里小动物的家在衣橱最下边的一层"。只有当宝宝听到规范的、细致的描述时，他才能听懂这些词汇，准确摆放玩具，从而增强空间认识能力。

认识形状。2岁多的孩子对形状的认知还很少，甚至还不能说出具体的形状，但是他已经能够感知不同物体外形的差异。父母可以利用孩子的小碗、积木等日常物品，引导孩子逐渐认识不同的形状，也可以和孩子利用玩具一起玩"找不同""归归类"的游戏，或者让孩子寻找家中具有某种形状的物品。

2. 记忆的特点

孩子的成长是在与周围环境和人相互作用的过程中获得的，在这一过程中，记忆功不可没。2—3岁孩子的大脑和动作的发育相对成熟，活动范围也逐渐扩大，能够在日常生活中主动尝试和接触许多人和事，并能够通过记忆保存下来，在自己随后的行为中表现出来。你会经常听到一个不到3岁的小孩说一些超出他年龄的词语，回答出一些成人意想不到的问题。

有意记忆保持时间较短

你有没有发现，2岁以后的孩子突然之间爱上了"学习"。他在高兴的时候走着路都会哼着小曲儿，还会手舞足蹈地比画，有时候也会一本正经地看书，或者主动跟你要纸和笔，这些都令你欣喜不已。不过，当你准备给孩子制订学习计划，很认真地一遍又一遍教他学习儿歌和故事时，却发现他学得很慢。如果你让他表演学过的儿歌、舞蹈、故事时，他要么什么都没有记住，要么即兴发挥，表演得"驴唇不对马嘴"，让你挫败感十足。

但是千万不要因此而气馁，这不是你的孩子不争气，而是他记忆的特点就如此。2—3岁孩子记忆的保持时间很短，2岁孩子对识记过的东西的再认保持时间只有几周，在头脑中再现识记过的事物的保持时间是几天。3岁孩子的再认保持时间能增加到几个月，再现的保持时间也只有几周。因此，你不要奢求今天教给孩子的儿歌，过一个月他还能完整念出来，更没有必要强迫他背诵乘法口诀、古诗。

小贴士

良好的记忆不仅要记得快，还要保持的时间久。成人的遗忘遵循一个先快后慢的变化规律，但是儿童的遗忘并不完全遵循这个规律。有研究发现，儿童有一种特殊的记忆回涨现象，也就是说孩子识记材料一段时间之后测得的记忆量要比立即测得的记忆量多。这种现象在2—4岁阶段最为明显。因此，回忆高峰期过后，再让孩子对材料进行再现可能效果会更好。

无意记忆效果佳

虽然2—3岁孩子对专门教给他的东西学得慢，但是他已经能够识记很多物体的名称、物体所在的位置，能够准确地叫出小朋友的名字，能够随口唱几句你没教过的儿歌。这些内容都不是孩子有意学到的，而是在日常生活中耳濡目染习得的。你把一个故事给孩子讲了好几遍，他都记不住，电视里播放的动画片的主题曲，他偶尔听了一次，就能够时不时地哼唱出来。因此，对于2—3岁的孩子，在生活中对他进行潜移默化的影响，远比刻意的、机械的训练效果好。

教养孩子有妙招

渗透在游戏和生活中的教育，往往能够激发孩子的学习兴趣和动力，促进记忆力的发展，让孩子养成良好的学习习惯，为将来进入幼儿园乃至于小学打下坚实的基础。

亲子阅读

2—3岁的孩子生活经验比较少，对很多没有见过、没有听过的东西都非常好奇。你可以在每天晚上睡觉前，抽出一点时间，让孩子躺在自己的臂弯里，静静地和孩子一起读几个故事。哪怕一直是你在读，孩子在听，甚至孩子没有回应，抑或是你读着读着发现孩子竟然躺在你怀里睡着了，这些都没有关系。

和孩子一起阅读的目的，不是要孩子记住多少诗词佳句，复述多长的故事情节，而是让他能够在这短暂的亲子时光中感受到爸爸妈妈给自己读书带来的快乐和情感抚慰，以至于让这种活动模式成为一种习惯。

随着孩子年龄的增长，这种活动的方式和活动内容无形中会给孩子留下印象，他的记忆能力也会在无形中得到提升。可能这种方式的即时效果不明显，但这又有什么关系呢，教育的目的不就是让孩子拥有快乐的现在和美好的未来吗?

记忆材料生活化

2—3 岁幼儿的记忆主要是形象记忆,对那些可爱的形象或者生活中常见的物品记忆的效果较好。因此,你可把生活中常见的物品或食物作为孩子的记忆内容。比如,可以把孩子吃的面条做成字母、数字或文字形状,这样既让孩子觉得有趣、好奇,吃饭吃得更多,还能够在无形中记住一些概念。你还可以给孩子穿一些颜色鲜艳、图案丰富的衣服,比如印着各种动物图案的上衣,印有各种字母的裤子,都能够引起孩子的兴趣和注意力。

运用记忆游戏

在活动中,孩子心情愉快的时候记忆效果是最好的。因此,通过一些好玩的游戏发展孩子的记忆能力是最好不过的。你可以和孩子玩"藏宝,找宝"的游戏,把一个物品藏起来,让孩子去寻找,锻炼孩子对物品位置的记忆力。你还可以和孩子玩"打电话"的游戏,和宝宝相向坐好,伸出大拇指和小指凑到耳边模仿打电话,问孩子:"喂,你是谁?""你家住哪里?""你爸爸叫什么名字?""你爸爸去哪里了?"……要求孩子一一回答。和孩子一起玩游戏也不必刻意追求游戏的结果,只要孩子玩得开心就行。若他觉得厌烦了,就终止游戏。

3. 思维能力的初步发展

当孩子进入 2 岁以后，你会发现一个新的现象：他玩的每个物品都有名字。孩子在玩每样东西时，几乎都会问大人一个重要的问题："这是什么？"你会发现他的思维和处事方式都发生着巨大的变化。他经常会冒出一些小幽默和笑话，他能够解决较复杂的问题，开始出现诸如同情、关怀、谦让等亲社会行为，但同时他还极端地"自我"，"不顾及他人的看法"。这无论是对他自己还是父母，都是既非常欣喜又充满挑战的一个阶段。

思维自我中心化：所见即所想

佳佳和妈妈一起在家里玩，突然电话铃声响了，妈妈就让佳佳去接电话。于是佳佳高兴地跑过去拿起电话，只听见电话中响起佳佳姑姑的声音："佳佳，你妈妈呢？"佳佳就说："不是就在那儿吗？"还边说边用手指着妈妈的方向。

这似乎有些好笑，但这正是孩子自我中心的思维特点。

当一个 2—3 岁的孩子得到不太喜欢的生日礼物时，他会在接过礼物的时候就板着脸、皱着眉头表示不快，他并没有意识到自己的表情会被他人看到，自己不满的心情会被识破。自我中心思维使得这个阶段的孩子经常自言自语，即使有他人在场，也会完全忽略他人的讲话。当然这些行为都是无意识的，他的很大一部分言语行为都没有社交动机，只对他自己有意义。我们也经常看到 3 岁的孩子玩捉迷藏的游戏时，顾头不顾尾的行为——把头遮盖住，身子却露在外边。他的逻辑就是："只要我看不见你，你也看不见我。"

在不断的操作中获得认识

对于 2 岁多的孩子来说，玩具绝对是不可或缺的东西，有些孩子甚至在吃饭和睡觉的时候还拿着不放手。你会发现，一旦离开了玩具，孩子就不会游戏了，甚至是玩具发生变化，不再是他熟悉的玩具，他的游戏也会立即中止。这些都反映了 2—3 岁孩子的思维离不开具体的实物和动作，只有在不断的操作中才能获得对事物的初步认识。

假想游戏的出现

孩子的假想游戏是使用符号能力的重要指标，同时也是认知发展的重要标志之一。到了 2 岁以后，孩子开始出现真正的象征性的符号游戏，能使用物体来代替一种完全不同的对象。例如，你会经常看到几个小朋友在一起拿扫帚当马骑，或者用积木当卡车。假想游戏的出现使孩子的生活充满了乐趣，他能在一个自己想象的世界里快乐自足地玩耍。同时，在现实生活中得不到满足的需求，也能在那个虚拟的世界里实现。

教养孩子有妙招

孩子的思维能力是通过日常生活中不断的动手操作、生活经验的积累而发展起来的。因此，在日常生活中，父母更应该注意自己对待孩子的态度、行为，尽可能给孩子提供更多的动手操作的机会。

鼓励孩子玩假装游戏

游戏中的假想情景能够发展孩子的相似联想能力，父母可以让孩子自己成为游戏的导演，这样能够帮助他学会独立思考，形成自己的看法。游戏中一些具有逻辑关联性的事件同样能够增加他的思维技巧，比如，小狗要回到房间里了，因为马上要下雨了。你也可以问孩子一些问题："狗狗有什么样的感受？为什么？""接下来会发生什么呢？"

为孩子的游戏提供条件

孩子的想象力和思维能力大多是体现在他的游戏中，也是通过游戏表现出来的。如果父母能够为孩子提供一些材料，把他创造的故事还原成现实，将会是一件很有意义的事情。你可以在家里专门设置一个区域，给孩子准备帽子、衣服、娃娃、动物玩偶、积木、小汽车等材料，孩子可以用这些材料创造出一个想象王国。当然，孩子玩游戏的时候，最好能有个"配合"的你在边上陪伴。

经常提问和及时回应孩子的问题

在生活中父母有意识地提问和积极回应孩子的问题，可以在无形中强化孩子勤提问、善思考的习惯。当你和孩子两个人走在大街上时，你可以问孩子："你看到了哪些东西？""为什么树叶会落下来？""那只蝴蝶飞到哪里去了？"这能使孩子的大脑一直在思考，他还会觉得你对他的想法很感兴趣，他很受关注。

多玩沙子

沙子是孩子进行创造性游戏非常好的材料，玩沙的过程给他提供了绝佳的积累感觉经验的机会，有利于进一步发展思维能力。玩沙能使孩子了解很多科学概念，如"干"和"湿"，"深"和"浅"，"里"和"外"等，还能够给孩子很多思考的机会：什么样的沙子可以堆成城堡？要装一桶沙子需要什么工具？……因此，你可以经常带孩子到户外开展这样的活动。

4. "话痨"养成记

孩子进入 2 岁以后,曾经的"闷葫芦"可能一下子就变成了"话痨"。他的词汇量迅速增加,语言表达能力也有很大提升。2—3 岁是孩子口头语言发展的关键时期,但也是在语言发展上容易产生问题的一个时期。因此,父母需要根据孩子言语发展的特点,进行针对性的引导和教育。

能够说出很多的词语

在我们的印象中,2 岁的孩子还是一个"小人",仅仅会说几个词语、几句不完整的话,和他又有什么可谈的呢?事实并非如此,2岁的时候,大多数孩子的词汇量可以达到两三百个,甚至能够说出含有三个以上词汇的完整的句子。到了 3 岁,孩子的词汇量可以增加到 1000 个左右,基本能表达大部分的需求。如果这个时候,再用"牙牙学语"来形容 2—3 岁的孩子,那就有点低估他了。

你会发现,他在生活中经常使用名词和代词。比如,他会经常拿着一个好吃或者好玩的东西在你面前炫耀,告诉你他拿的是什么。

在玩游戏的时候，他也会自言自语地说出一些玩具或者是生活中常见的事物的名称。两岁半以后的孩子还经常使用"我"这个词用来称呼自己，同时也用来区别自己和他人。"这是我的""我来做……"是他经常挂在嘴边的词句。如果你把他的名字叫错，他会很生气，因为他正在努力建立自己的名字和自己之间的联系，建立自我认同感。等到3岁，如果他的名字再被叫错的话，他会觉得这样很搞笑，可能还会去纠正你。

自娱自乐的言语

2岁多的孩子经常自己对自己说话。你可能会很好奇，他在说什么呢？要不要去打断他呢？孩子的自言自语大多出现在游戏中，往往是一边玩游戏一边嘀咕，而且这种言语有其独特的作用。

在游戏中，孩子可以通过自言自语补充和丰富自己的动作。在玩建构游戏时，孩子会一边搭积木一边说："这是一座城堡，哈哈！里面还有一个王子！这个城堡快要能住人了。"在绘画的过程中，孩子会一边画一边嘀咕："这里是一座桥，上面还有小鸟，在飞，这边有好多小花……"在玩拼图游戏时，发现最后少了一块，他会自言自语地说："啊，这怎么办呀！"然后重新拆了再拼："还是不行，不玩了。"父母可以根据孩子自言自语的内容，恰当地进行提问引导，帮助他拓展思维，丰富词汇。

当孩子能用语言表达自己思想的时候，训练他准确、完整地说话和发音尤为重要。孩子语言能力的提升，不仅仅体现在词汇量的丰富上，还体现在语言运用能力的发展上。父母要尽可能多地给孩子提供说话、表达的机会。具体可以这样做：

"蹲下来"跟孩子说话

2—3岁是孩子口语发展的关键期，他开始尝试与人交谈。但只有当孩子感觉到没有压力，身体和情绪都很放松的时候，他才会好好说话。所以父母不能总是以一种高高在上的姿态，总是以父母的身份"教育"孩子，而需要经常"蹲下来"跟孩子平等地对话。父母不仅仅要把身体蹲下来，更多的应该是放低自己作为父母的身段，跟孩子聊天，聊他感兴趣的、他生活中发生的事，让他在轻松的氛围中尽情地表达。

补充孩子的语言

2—3岁的孩子在说话的时候，往往不能够用完整的句子表达自己的意思，有的时候甚至用一个字、一个词表达一句话的意思。虽然你都能够听懂，但是如果你能够在孩子进行不完整的表达时，把他的话补充完整，让孩子听到或者重复你的话，这不仅能够增加他的词汇量，让他习得句式的表达方式，还能够帮助他深入理解语境和语言之间的关系。例如，孩子说："妈妈走！"你可以补充说："妈妈要去上班了！"

学会倾听

交流的基础是要耐心地听别人说话，对 2—3 岁孩子更应该耐心倾听。他说话可能很慢，有时候还会结结巴巴，口齿不清晰，说话不完整。但你千万不要着急，要耐心地听孩子讲完，不给他压力，然后再去回应和纠正他。孩子也总是喜欢自说自话，不去倾听别人说话，父母同样要引导孩子养成倾听的习惯。你可以通过提一些问题引导孩子进入话题，"打电话"的游戏就是一个锻炼孩子倾听能力的好办法。

回顾与思考

1.你孩子的视力是多少？如何保护孩子的视力？

2.孩子的记忆有什么特点？怎样促进孩子记忆力的发展？

3.你会和孩子一起玩游戏吗？在游戏中你会怎样引导孩子，提供哪些支持？

4.你的孩子喜欢玩沙子吗？让孩子多玩沙子有什么好处？

5.帮助孩子提升语言能力，要注意哪些方面？

4

第 四 章

多种多样的小情绪

1. 丰富的情绪体验

2—3岁是幼儿情绪发展相对特殊的阶段，他们既不像婴儿那样不是笑就是哭，也不像幼儿园阶段的孩子那样有相对复杂的社会情感，但是他们已经能够体验到大部分情绪。

积极情绪体验多

一个2岁多的孩子看到出差回来的妈妈，会激动得手舞足蹈，飞奔过去抱住妈妈。当看到妈妈给她买了最喜欢的芭比娃娃时，她会开心得又蹦又跳、大喊大叫。

一个淘气的小孩，突然跑到爸爸面前，在爸爸脸上拍了一下。这时，爸爸假装大叫一声，夸张地倒在了地上，孩子却跑到了一边"不怀好意"地笑。

一个3岁的孩子，拿着他花了很长时间搭好的城堡给妈妈看。当妈妈表扬他时，他会因为自己的成功而表露出骄傲自豪的神情。

2岁以后的孩子似乎一下子从之前的"爱哭鬼"，变成了活蹦乱跳的"万人迷"。这个阶段的孩子，我们看到的更多的是他们天真灿烂的笑容，听到的更多的是欢快无邪的笑声。他们在日常的生活中已经能够体验到多种积极的情绪，如激动、兴高采烈、得意、喜悦、骄傲等。

2岁多的孩子似乎"笑点"还有点低，一件小事情或者大人不经意的一句话、一个动作，甚至是做个鬼脸，他都能笑得前仰后合。如果父母能有意识地通过一些生活小细节，引导孩子的积极情绪体验，对他以后的人际交往、个性的发展都具有重要的意义。

理解、支持孩子的消极情绪

一个妈妈偶然看到自己两岁半的儿子坐着发呆，好像有心事的样子，但是也没有哭出来，样子真是可爱至极。妈妈觉得很奇怪，这么大的"小人儿"，还会有心事？

你可不要太过诧异，孩子出生后的头两年已经陆续出现了很多种消极的情绪体验。到了2岁以后，他会出现恐惧、伤心、沮丧、焦虑、蔑视等消极情绪。一个2岁多的宝宝，看到陪伴他一年的宠物狗死去了，会感到特别的伤心。虽然他不一定用哭的形式来表达，但他会闷闷不乐一段时间。那些已经和母亲建立起依恋关系的孩子，在母亲离开时，会出现分离焦虑。例如，当孩子看到妈妈收拾东西、拿上包、穿上大衣，他就知道妈妈要离开，就会哭闹不止。2岁以后的孩子开始变得胆小，不敢一个人睡觉，特别怕黑，不敢和陌生人讲话，所以他在家里一般会特别黏妈妈。

消极情绪在孩子的生活中是不可缺少的一部分，消极情绪的出现与正确的排解，同样有利于孩子的身心发展。父母应能够敏感地体察到孩子情绪细微的波动，及时予以引导和支持。

小贴士　　不同年龄段儿童恐惧的来源

年龄	恐惧的来源
0—6个月	缺乏身体支持，大声音，光照，突然运动
7—12个月	陌生人，高度，突然的、未经历过的、若隐若现的物体
1 岁	和父母分离，上厕所，陌生人
2 岁	和父母分离，大声音，黑暗，大物体或机器，不熟悉的同龄儿，熟悉的环境发生变化
3 岁	和父母分离，面具，小丑，黑暗，动物
4 岁	和父母分离，黑暗，动物，噪声（特别在夜里），噩梦
5 岁	和父母分离，动物，身体受伤，黑暗，坏人，噩梦
6 岁	和父母分离，黑暗，魔鬼，女巫，身体伤害，打雷和闪电，单独睡或一个人留下，噩梦
7—8岁	和父母分离，黑暗，魔鬼，女巫，一个人睡或留下，受威胁的生活环境

使用简单的情绪词汇

有人做过这样的测试，问一个 3 岁的孩子："今天妈妈给你做了你最爱吃的炸鸡腿，你有什么感觉？"他回答："我很高兴。""今天吃饭吃了很多青菜，妈妈表扬了你，你有什么感觉？"他还是回答："我很高兴。"

2—3 岁的孩子已经能够通过多种方式表达自己的情绪，他们甚至能够使用简单的词表达自己，当自己高兴或者难过时都会说出来。但是由于情绪词汇量比较匮乏，这个阶段，他们喜欢滥用"高兴"一词。孩子对消极情绪的表达，大多还是用哭的方式，很少能说出一些表达自己消极情绪的词语。随着年龄的增长，3 岁以后他们逐渐能够使用"伤心""难过""生气"等词语表达消极情绪。

教养孩子有妙招

孩子的喜、怒、哀、惧等细微的情绪波动，都与和父母之间的交往以及父母是否满足他的需要息息相关。那么，父母怎么做才能促进孩子情绪健康发展呢？

尊重孩子的消极情绪体验

消极情绪是人类进化过程中具有适应意义的产物，是面对威胁

时的适应性行为。孩子也是这样，愤怒、痛苦时会大吵大闹，甚至攻击别人。他也会像大人一样有自己的心事，也会难过、伤心，这都是正常的反应。父母应该认识到，消极情绪是孩子生活的一部分，是他生活经验的重要组成部分。

关注孩子细微的情绪变化

2 岁之后的孩子，引起情绪变化的因素的社会性成分逐渐增多。妈妈不经意间的一句责备、没有小朋友和自己玩、家里突然来了一群他不认识的人等，都可能引起孩子情绪的波动。父母应该是最了解孩子的人，孩子情绪的变化有什么规律，什么事情、什么情况下孩子最容易产生情绪问题，父母都要清楚。只有把握规律，才能从容应对。

接纳孩子的情绪反应，明确命名孩子的情绪

父母应当允许孩子适当宣泄自己的情绪，当孩子无法准确表达自己的情绪尤其是消极情绪时，可以帮孩子把情绪说出来，让他感受到自己是被理解的，同时也增强他对自我情绪的认知。例如，当孩子因为心爱的玩具被弄坏了而哭泣时，爸爸妈妈可以这样安慰他："我知道你很伤心、很难过，那是爸爸妈妈给你买的生日礼物，那是你最喜欢的玩具。"

不要和孩子开这样的玩笑

在和孩子交流时，有的父母经常使用这样的语言："你不听话就把你扔在这里，不要你了！""你再哭就让警察把你抓走。""你是爸爸妈妈从垃圾桶里捡来的。"看着孩子惊慌失措的表情，有时父母还被逗得哈哈大笑，这是极端错误的做法。

这个阶段的孩子思维还不成熟，往往分不清假想与现实，父母不经意间的玩笑，孩子可能会信以为真。对他来说，这些都是很重大的事情，容易引发不良情绪。

2. 开始理解他人的情绪

移情是指对他人情绪产生同感的反应，是理解和共享他人情感的能力。1 岁的孩子看到别人哭，自己也会跟着哭。这是一种普遍的移情，还不具有社交意义。孩子真正的移情能力的发展，是在 2 岁以后，当他能够准确地理解自己的情绪以及在一定程度上体会他人的情绪感受时，移情能力和行为也会随之出现。

情绪推理能力的出现

2—3 岁的孩子随着语言能力的发展、生活经验的丰富，逐渐能够理解他人的表情和情绪，从而对同一件事情做出不同的反应。这种推理能力的出现有助于孩子在不同的场合调节自己的行为，减少情绪的冲动性。

比如，3 岁的孩子在路上摔了一跤，如果父母表现出紧张、焦急的情绪，他会"哇"的一下哭出来；如果父母表现出平和的情绪，他也会觉得摔跤没什么，爬起来拍拍灰尘，继续走路。

社会性参照是指当儿童处于陌生的、不确定的情景时，会从成人面孔上搜寻表情信息，然后采取相应的行动。幼儿社会性参照的能力随着年龄的增长不断增强，参照的对象也慢慢从父母转移到其他人身上。

如果有人拿糖果给孩子吃，孩子在接糖果时会下意识地看一眼爸爸妈妈，当得到爸爸妈妈允许的眼神或者动作时，他才会安心地接过糖果。当儿童想要玩桌子上的玩具时，看到旁边的人都面带微笑地点头，他就会肆无忌惮地玩；如果旁边坐了几个彪形大汉，不苟言笑、面目狰狞，他是不敢走过去玩玩具的。这表明幼儿已经能够将他人的情绪反应作为判断自己行为正确性的标准了。

将自己和他人对同一件事情的看法进行比较，能帮助幼儿更好地理解他人的情绪状态，并做出恰当的决策。由于语言能力发展不成熟，社会性参照成为幼儿获得外界信息反馈、适应社会环境的主要途径。

自我意识情绪的出现

妈妈带着成成到别人家串门，当看到妈妈一直抱着别人家的孩子时，成成拉着妈妈的胳膊，不让妈妈抱。

3 岁的妙妙给大家唱歌，唱到一半忘了词，她马上脸红变得不好意思，感到窘迫、尴尬，害羞地走开了。

儿童在 2 岁以后，会出现一系列相对高级的情绪情感，如尴尬、自豪、内疚、嫉妒、羞耻等，这些情绪称为自我意识情绪。它们会对孩子的自我感觉产生消极或者积极的影响。

这个阶段的孩子，对自我有了更进一步的认识，他开始意识到自身的行为。到了 3 岁左右，孩子逐渐能对自己行为的优劣有更好的评判，在完成一件困难的任务后开始表现出明显的自豪感，会微笑、鼓掌，或欢呼"我做到了"；而当他在某些简单任务面前失败后，就会表现出羞愧感，会沮丧地向下看，或者自言自语地说"我做不好这个"。

自我意识情绪的出现是孩子认识自我和理解他人能力的重要标志，对自我正确的认知以及对他人准确的理解，对认识事物以及拓展人际关系都有重要意义。

教养孩子有妙招

良好的情绪理解能力可以帮助孩子更准确地认识自己的情绪状态，恰当地表达自己的需求，同时也能更好地识别他人的情绪，预测可能发生的行为，对孩子认知的发展以及社会交往能力的提高有重要意义。在日常的教养活动中，父母可以通过以下途径提高孩子的情绪理解能力。

经常和孩子交流情感体验

孩子的情感表达大多时候需要被动的激发，父母经常跟孩子讨论彼此的情感体验，能够促使他主动地表露自己的心声，缓解紧张、焦虑、恐惧等消极情绪，也能让他知道别人的观点、看法。父母可以就某一个话题和孩子闲聊，每天下班回来，可以和孩子讨论"你今天过得怎么样""你今天最开心的事情是什么""你刚才为什么那么开心/生气/难过"等话题。

共读与情绪相关的绘本

绘本能让孩子以旁观者的身份理解故事中不同角色的情绪体验，再加上父母恰当的提问与适时的引导，有助于幼儿理解他人的情绪，增强其情绪推理能力。阅读有关生气、害怕、担心等消极情绪的绘本故事，能够帮助孩子理解产生消极情绪是正常的，并且要勇敢地把消极情绪表达出来；阅读有关爱、关心等主题的绘本故事，能够逐步让孩子理解怎样表达自己的积极情绪以及正确地理解他人的情绪情感和需要。

3. 情绪调节能力的萌芽

过度的情绪表达会使负面情绪越积越多，一味地情绪压抑又有可能造成情绪的失控或崩溃，影响身心健康。只有对情绪进行有效的调节和控制，才能达到情绪的平衡。2—3 岁孩子已经具备了初步的情绪掩饰能力，并且已经掌握了一些管理策略，以使自己的情绪达到平衡。

小贴士

情绪调节是指对情绪内部过程和外部行为所采取的监控、调节，以适应外界环境和人际关系需要的动力过程。情绪的调节主要涉及以下四个方面：

（1）管理自己的情绪体验，比如，体察自己的情绪并尝试缓解，生气时尝试深呼吸；

（2）管理与情绪有关的机体反应，比如，让生气发抖的自己慢慢平静下来，控制自己要打人的冲动；

（3）管理与情绪相关的归因与评价，比如，能够把自己不开心的事往积极的方面思考；

（4）管理与情绪有关的表情，比如，收到不喜欢的礼物时适当

控制自己的失望表情并表示感谢。

对于 2—3 岁的幼儿来说，虽然达不到这样的标准，但是情绪调节同样重要。

具备了初步的情绪掩饰能力

有人做过这样的测试，和接近 3 岁的孩子一起玩游戏，在玩之前告诉孩子，游戏结束之后会给他们一个非常漂亮的礼物。游戏结束之后，测试者给了孩子一片贴贴纸作为"非常漂亮的礼物"，并问孩子是否喜欢。大多数孩子虽然不喜欢，表情很不情愿，但是也会强迫自己说喜欢。

有时我们可以看到，2—3 岁的孩子明明不开心，却说自己开心；明明有点害怕，却说自己不怕。虽然孩子的表情和行为会让人一眼看出来他是在说假话，但不可否认，孩子已经表现出对自己情绪的掩饰了。掩饰情绪行为的出现，表明孩子已经能够根据情境进行情绪调节了，不再是那个蛮不讲理的"小霸王"了。

掌握了一些情绪调节策略

早在 2 岁之前，孩子就已经具备了一些情绪的管理策略，以使自己的身心达到平衡。一岁半的孩子已经能够通过玩玩具来打发等待妈妈给自己冲奶粉的时间，而不是像以前一样，不给吃就大哭大闹。接近 2 岁的孩子，可以通过抿嘴、皱眉等方式来抑制自己伤心或者生气的情绪，但是还不能调节自己的恐惧情绪。

2 岁以后，随着口语表达能力的提升，孩子开始能够把自己的感受和情绪说出来，并通过与父母交流，调节自己的恐惧和其他消极情绪。父母支持性的情绪干预措施，比如，分散他的注意力，让孩子想象美好的事物等，可以帮助孩子调节恐惧、挫折等消极情绪。

教养孩子有妙招

帮助孩子正确地认识以及合理地调适情绪，你可以从这几个方面入手：

转移注意力

当孩子对某一事件具有不良情绪反应的时候，你可以通过转移其注意力的方法调节情绪。如果经常在孩子产生不良情绪的时候帮助他将注意力转移到高兴的事情上，会使孩子逐渐学会主动地转移注意力。比如，孩子害怕打针，你可以在孩子打针的时候让他玩自己最喜欢的玩具，或者跟孩子聊天，引导孩子发现周围环境中新奇、有趣的物品。

做好心理准备，引导适宜的情感表达

孩子之所以会对一些事情表现出强烈的情绪反应，是因为他对这些事情的未知，当面对突然的刺激没有心理准备时，孩子就会非常抗拒，不能承受。如果孩子对这些事情发展有一定的心理准备，并知道一些恰当的表达方式，就能较好地控制情绪。

打针的时候，很多孩子总是大哭大闹，痛苦地扭动着身体，拼尽全力要离开，并不是真的因为打针非常痛，更多的是他不知道打针会痛。所以，爸爸妈妈可以在打针前就用平静的口吻告诉孩子打针是怎么回事，打针的时候会有一些疼痛，如果孩子不能够忍受，可以把疼的感受说出来，或者轻轻地哭出来。一定要告诉孩子真实情况，千万不要哄骗孩子说打针一点儿也不疼。

设置专门的情绪宣泄渠道

一味地压抑情绪会影响孩子的身心健康，不良的情绪需要用合适的方式宣泄出来。你可以为幼儿准备一些材料，如沙袋、大型玩

具娃娃等，当孩子出现不良情绪时让孩子拍打，把这种情绪宣泄出来；或者暂时让孩子单独待在一个安全的房间里，先让他冷静下来，随后再晓之以理，动之以情。

建立规则

2—3 岁的孩子正在开始明白"什么是被接受的、什么是不被接受的"，他还没有足够的能力控制自己不做不被允许的事情。在这个阶段，父母给孩子制定强制性遵守的规则十分必要。适宜的规则能够帮助孩子清楚他做事情的目标与界线，也就是明白做什么事情爸爸妈妈会很开心。如果父母能够给孩子制定规则，在任何时候都不妥协，给予同样行为一致的回应，会让孩子对自己的行为结果有正确的预期，孩子也将不再乱发脾气。

小贴士　情绪爆发处理五步法

当 2—3 岁的孩子因为没有满足他的需要、与小伙伴发生争执等发脾气时，父母常常不知所措。孩子情绪爆发处理五步法，可以帮助你正确地处理这个问题。具体如下：

保持冷静。只有你保持心平气和，孩子才有可能平静下来。那些当孩子犯错时，破口大骂或者大声斥责的行为都是不可取的。

分散注意力。忽略刚才发生的事情，让孩子和你一起玩游戏，用好吃的或好玩的东西"引诱"他，和你一起看看窗外的风景，或者什么都不做，给孩子一个拥抱。

让孩子休息一会儿。如果能让孩子远离事发现场，换一个地方，有些孩子很快就能平静下来。这不是惩罚，但能帮助孩子让自己平静下来。当他情绪平复下来后，你可以表扬他："宝宝真棒，那么快就不哭了。"

情感抚慰。用温柔的语气跟孩子说话，给孩子拥抱，告诉他做得很好，能够控制自己不生气，爸爸妈妈为他感到骄傲。

讨论刚刚发生的事情。爸爸妈妈可以这样和孩子说："你刚刚非常生气，你打了小朋友。生气没有错，每个人都会生气，但是打人就不对了，你伤害了其他人，他也很痛的。下次遇到同样的问题，你会怎么做呢？"

回顾与思考

1. 你的孩子出现过哪些消极情绪？如何正确处理孩子的消极情绪？

2. 当孩子出现负面情绪时，你对孩子说过恐吓性的话吗？这会对孩子有什么影响？

3. 你的孩子会恼羞成怒吗？如何看待这种行为？

4. 你为孩子购买过哪些与情绪调节相关的绘本？和孩子共读这些绘本后，对孩子有什么帮助？

5. 你的孩子会怎样调节自己的情绪？你知道哪些帮助孩子调节情绪的方法？

5

第 五 章

人际关系的雏形
——早期的社会交往

1. 特别的爱，给特别的你——早期的亲子关系

父母是什么？每个人可能都有不同的答案。父母是孩子的第一任老师，父母是孩子的朋友，父母是孩子随时可以停靠的港湾……是的，这些都没有错，要想维持良好的亲子关系，为孩子的成长保驾护航，父母就应该在不同的时候、不同的情境下扮演不同的角色。孩子对于父母来说，已经是父母生活中不可或缺的一部分。但是，你可知道，父母对于孩子来说，却是他生活的全部。

父母是孩子的安全"基地"

一个父亲带着孩子到公园里玩耍，到了公园之后，父亲就坐在公园的长椅上，认真地看报纸。孩子就在公园里自由玩耍，父亲并没有特意理会他。孩子可以自己毫无顾忌地玩乐，还和不远处的小朋友互动。但是，孩子总是和父亲保持在可以看到父亲并且父亲可以看到自己的距离，并且在玩的时候，还时不时地回头看父亲是否还在原地。

2—3岁的孩子虽然有了一定的自主性，独立性的愿望也逐渐增强，但是父母仍然是他的安全"基地"。当父母在场的时候，他能够自由地、无拘无束地玩乐；当父母离开时，他会有焦虑的情绪出现。很多孩子在哭泣或者情绪波动的时候依然是哭着喊着找爸爸妈妈，可见父母是2—3岁孩子重要的情感依附对象。因此，父母应该多与孩子进行一些亲子活动，多和孩子交流，增进亲子关系。

父亲的作用愈加明显

一直以来，母亲被认为是照料和教养孩子的主要负责人，母子交往也一直是人们关注的焦点，重要性也被广泛接受。父亲经常是被忽视的那一个，但是，我们必须意识到，父亲在孩子成长过程中具有不可替代的作用。

随着孩子身体发育的逐步完善，他所需要的活动量和活动类型也逐渐发生变化，父亲的作用也就更加明显。孩子也开始慢慢发现，原先那个只有晚上和周末见到、经常把自己惹哭、没事老用胡子扎自己的老爸也是蛮好玩的。于是，他开始喜欢和父亲在一起。

2岁多的孩子的生活通常是在游戏中度过的，这当然是爸爸最拿手的活动。这时候，孩子和爸爸在一起，经常可以玩一些需要他活动手脚的大动作游戏和一些需要动脑的智力游戏，这能够很好地满足孩子对运动和娱乐游戏的需求。因此，爸爸一定要抓紧时间行动起来，不要让孩子把你当成神龙见首不见尾的叔叔。

教养孩子有妙招

早期的亲子关系质量会直接或间接地影响孩子入学之后乃至成年后的人际交往。那么，父母怎样做才能够使亲子关系获得良性发展呢？你可以从以下几个方面入手：

父母既要做"法官"，也要做"律师"

2—3岁的孩子由于认知和生活经验的缺乏，很多时候需要父母以"法官"的身份帮助他明辨是非。引导孩子什么不应该做，什么应该做、该怎么做，都是父母特别的责任。当孩子遇到问题时，父母用"法官"的态度教育和疏导孩子固然很重要，但是"法官的裁决要有法律的依据"。因此，父母在当好"法官"的同时，也要做合格的"律师"，剖析孩子的想法、情绪状态、行为目的等，了解他的诉求，不要轻视他的自尊，和他成为互相信任、坦诚相待的朋友，再配以公平合理的"裁决"。公平的"法官"加上合格的"律师"成就称职的父母。

既要当"裁判"，也要学做"啦啦队"

人生就是一个大赛场，孩子必须自己参赛，父母不能替代孩子面对生活。在这个人生的大赛场上，需要父母充当"裁判"。但是这个"裁判"不能决定比赛的输赢，只能进行调解，在孩子遇到问题、困惑、迷茫时，及时给予正确的指引，让比赛继续顺利进行。同时，父母也应充当"啦啦队"的角色，给予孩子物质和生活上的服务，

给予孩子精神的鼓励。尤其是 2—3 岁的孩子，兴趣爱好都还没有固定，作为父母更应该给予足够的空间和支持。

不当"驯兽师"，学做"镜子"

言传不如身教。父母是孩子的第一任老师，也是孩子最好的榜样。良好的亲子关系不是靠苦口婆心的说教、居高临下的训导发展起来的，而是在和谐的家庭关系中孩子耳濡目染、受到熏陶自然产生的。所以，请你时刻注意自己的言行，因为你是怎样的，孩子就是怎样的，这直接决定了你们之间的关系。

2. 最初的友谊——早期的同伴关系

除了父母，孩子最重要的他人就是同伴。同伴关系是亲子关系之外的另一重要关系，虽然不像亲子关系那样稳固，但是为孩子提供了很多和同龄人进行交往互动的机会。孩子在 1 岁之后就有同伴交往，2 岁之后开始有了自己的玩伴，发展了最初的友谊。

自我中心的同伴交往

2 岁多的孩子在一起玩耍时，他们已经能够注意其他孩子的活动，有时也会试图调控同伴的行为，比如做出某种动作、发出某种声音让别的孩子发笑。不过这个年龄的孩子是相当以自我为中心的，他可能只是将同伴看成一种自己可以操纵的、有趣且有反应的玩具而已。因此，他的玩伴往往很不固定，可能会因为一点小摩擦就"翻脸不认人"，甚至对一个经常玩的"老朋友"大打出手，也能很快地和一个不认识的小朋友玩得像好哥们一样。这就是 2 岁的孩子，你不能太当真，因为他总是变幻无常，按照自己的意愿、喜好行事。但是在这些零碎的同伴互动中，他各方面能力都得到了很大的提升。

开始与同伴建立友谊

2—3 岁的孩子，虽然朋友变换得很快，显得有点"薄情寡义"，但是他已经开始与同伴建立友谊，有了朋友的观念。2—3 岁孩子对朋友和对仅仅是认识的人，反应会有很大的不同。他与朋友间的社会游戏，比与仅是认识的人之间的游戏更积极——有更多的情感表达和相互赞许。

的确，朋友间常会为对方做些好事，很多亲社会行为也首次出现在这个阶段的早期友谊中。3 岁的孩子可能会愿意放弃他自己宝贵的游戏时间，去做一件乏味的工作，只要他认为这样做对朋友有利。跟对仅仅是认识的人相比，他还会对朋友的沮丧表达更多的同情，他也更愿意试着去安慰有消极情绪的朋友。在面对陌生情境中的新异刺激时，如果有朋友相伴，2—3 岁的孩子就会表现出更多主动的行为，主要是因为朋友在场降低了他对不确定性情境的恐惧。所以 2—3 岁孩子的友谊已具有互相照顾和情感支持的特征，但孩子要在很多年后才能说出好的友谊应具有这些特质。

早期的社交问题

早期的同伴关系是孩子建立与外界联系、获得知识技能的重要渠道。然而，他们只有不到 3 岁，对他人和外部世界几乎一无所知，在同伴交往中多多少少都会遇到一些问题。

角落里的孩子

锐锐和妈妈一起在小区里散步。走到沙坑时，他们看见有几个小朋友正玩得不亦乐乎。锐锐也很想凑过去一起玩，但是他却跑到妈妈那里，一言不发地拉着妈妈，表情落寞。妈妈鼓励他说："去和其他小朋友一起玩呀！看他们玩得多开心。"他依然犹豫不决，不敢向前。

大多数 2 岁多的孩子，还没有固定的朋友，都是三三两两在一起玩耍。总会有一些孩子，很难融入小朋友中，不敢和其他小朋友玩。这样的孩子并不少见，大多是因为害羞，缺乏相关的社会交往经验和技能，不敢去接触陌生人。

面对这样的孩子，父母需要特别关注，一方面多帮助孩子积累亲子交往经验，在家里经常跟孩子玩游戏、聊天；另一方面要鼓励和帮助孩子进行同伴交往，引导孩子主动发起交往，回应别人等。当然，这和孩子的气质特点也密不可分，在孩子极不情愿的情况下，父母也不必强求。

喜欢打人的孩子

就有这样一群孩子，在和其他小朋友玩的时候，总是喜欢打别人，附近小孩子都被他打了个遍，以至于其他家长看到这个小朋友过来，就让自己的孩子躲得远远的。虽然这只是为了争夺好玩的、好吃的东西而产生的工具性攻击，但对他们以后的成长很不利。

这种行为的出现有一部分原因是家庭因素，孩子在家里被父母百般宠溺，变成天不怕地不怕的"小霸王"，想要什么就能得到什么，他也会把这种行为方式应用到同伴交往中。还有可能是孩子缺乏社会交往技巧，语言理解和表达能力有限。这就需要父母注意自身的教养方式，并教给孩子必要的社交技巧。

爱哭、爱发脾气的孩子

还有一类爱哭、爱发脾气的孩子也不受同伴欢迎。当其他人不小心稍稍碰他一下，或者稍不顺他心意，他就委屈地哭了，还说别人老欺负他，弄得其他孩子都无所适从。

这是一种性格脆弱的表现，也主要是由不恰当的教养方式导致的。在家里父母对他百依百顺，他没有受过一点儿挫折，也没有受到过父母的拒绝和批评，觉得别人都应该对他言听计从。在与同伴的互动中，同伴不会迁就他，导致他遇到挫折就会情绪爆发。对于这样的孩子，父母更应该让他在同伴交往中经历一些挫折，教给他必要的情绪管理方法。

教养孩子有妙招

同伴交往是孩子 2 岁以后生活中重要的社会活动之一，他们在同伴交往中不可避免地会遇到一些问题。父母怎么做才能有效地支持幼儿的同伴交往呢？

家庭教养做到宠而不溺

宠爱孩子而不溺爱孩子，这个浅显的道理，父母都懂，真正做到却很困难。童年的大多数行为问题，都可以追溯到早期的家庭教养、亲子关系上。孩子在家里是掌上明珠，被父母、祖辈百般宠爱都可以理解，但是宠爱不代表溺爱。

作家纪伯伦曾经说过："你的儿女，其实不是你的儿女。他们是生命对于自身渴望而诞生的孩子……你可以给予他们的是你的爱，却不是你的想法……"孩子生来就有主动探索、主动求知的欲望和权利，作为父母可以爱自己的孩子，但不能以"爱"为借口，剥夺孩子独立自主，甚至经历挫折和挑战的权利。

教孩子一些常用的交往技巧

孩子交往的环境是同辈群体，必要的交往技能能够让他更好地融入集体，获得他人的认可。父母应教会幼儿自主交往的语言：礼貌用语，见到同伴主动打招呼"你好，我叫×××"；协商语言，"请给我看一下好吗"；抱歉语言，"对不起"等。常用礼貌、商量的语气和小伙伴说话，能使孩子克服以自我为中心的缺点，激发孩子交往的欲望，提高交往能力。

培养孩子独立解决冲突的能力

在同伴交往中，孩子间的冲突在所难免，这未必是件坏事，父母不一定要立即上前解决纠纷。孩子需要在面临、认识与解决冲突中了解人际关系，学习交往技巧，发展人际交往能力。当孩子遇到冲突时，你不妨等一等，看看孩子如何自主地解决问题，孩子的能力有时候会出乎你的意料。要相信孩子有独立解决问题的能力，即使他仅仅是 2 岁多的小孩。当出现一些比较大的冲突有危险时，父母再出面干预也不迟。

小贴士　孩子同伴交往误区

（1）朋友越多越好

让孩子拥有一个或几个固定的朋友很重要。稳定的交往对象，一方面体现了孩子维持友谊的能力，另一方面让孩子有了除父母之外的情感依附对象，有助于孩子形成稳固的交往行为模式，帮助其维持心理的平衡。所以，如果你的 2 岁多的孩子只有几个朋友，或者只和几个小朋友玩，也不用担心。

（2）孩子小，礼貌不周没关系

懂礼貌是孩子发起交往的第一步，同时也是孩子移情能力的体现，无论是大人还是小朋友都喜欢懂礼貌的孩子。孩子开始进行人际交往时，就应该逐渐学会懂礼貌，哪怕是跟家人之间，讲礼貌、守规则也是他必须学的第一项内容。

（3）父母代替孩子交往

有些父母总是担心自己的孩子不会交往、不会说话。于是，在见到熟人的时候，还没等孩子说话，父母就会主动解释"我家的孩子内向、害羞，不敢说话"等。即使孩子想说话，估计也不敢说了。父母可以在必要的时候给孩子提供支持，但主要还是依靠孩子自主尝试。

3. 懵懵懂懂的性别——早期的性别角色

佳佳虽然是个女孩，但是头发特别短，如果不穿裙子，别人都当她是小男孩，隔壁家的姐姐总是喊她弟弟。佳佳可不乐意了，嚷着让妈妈给她扎小辫子，可是头发短又扎不住，弄得妈妈哭笑不得，只得跟她说等头发长长了再扎，佳佳这才勉勉强强答应了。

最近，姑姑给佳佳买了一条花裙子，还说："这下别人不会把佳佳当成男孩了。"佳佳穿上裙子特别开心，又蹦又跳，到晚上睡觉的时候都不肯脱下来，每天都嚷着要穿那条裙子。

其实，这正是幼儿性别角色意识的表现。2—3 岁的孩子已经具备了对自身性别的初步的、最浅显的认识。但是这些认识还比较刻板，有时甚至让人觉得有点搞笑。

"我是男孩，她是女孩"：性别认同

当孩子能够正确认识自身性别时，说明他已经具备了性别认同的能力。2—3 岁孩子已经具备这种能力，但是他们和大人的性别认

同方式是存在差异的。大人主要依据生殖器官、身体的轮廓和服饰等线索来确定性别，而孩子则根据头发的长短以及服饰的特点来确认被观察者的性别。2 岁多的孩子已经知道自己的性别，大多数能够正确回答自己是男孩还是女孩，尽管不能够理解性别所代表的深层次的含义。

掌握了一些性别角色知识

有人做过考查孩子性别角色知识的研究，列举出一些玩具，如汽车、枪、娃娃、球等，让孩子说出哪些适合男孩玩，哪些适合女孩玩。2 岁多的孩子倾向于认为汽车、枪、球等玩具都是男孩子玩的，而女孩应该玩娃娃之类的玩具。他们还会刻板地认为，女孩就应该有长头发、穿裙子，男孩必须留短发、穿裤子。如果发生了错乱，他们就可能分不清别人的性别了。

当孩子知道了自己的性别，或者初步地了解了性别差异之后，他开始对不同性别的人的行为特点有所认识，具备了一些性别固定知识。

2.5—3.5 岁孩子对男孩、女孩的看法

对男孩的看法	喜欢帮爸爸干活
	喜欢说"我打你"
	喜欢玩货车等玩具
对女孩的看法	玩洋娃娃
	喜欢帮妈妈干活
	喜欢收拾屋子
	爱说话
	不打人
	常说"我需要帮助"

跨性别行为的出现

在生活中，我们常常能见到孩子表现出与真实性别不符的行为。尤其是 2 岁多的孩子，性别意识的界线还不清晰，父母也认为无所谓，现实生活中就会出现很多"假小子"。一般来说，"假小子"是被大人和同伴接受的。当我们看到一个小女孩拿着玩具汽车，快速地奔跑时，我们可以戏称她为"风一样的女子"，但是如果一个男孩玩洋娃娃、唯唯诺诺，我们却不太能接受。所以，现实中女孩的跨性别行为要比男孩多。

教养孩子有妙招

随着孩子年龄的增长，加上父母在生活中正确的引导，孩子对性别的认识也会慢慢清晰。在生活中，父母需要注意以下细节：

注意孩子的穿着打扮

要给孩子按性别进行穿衣打扮。有些家庭希望要男孩子，就会故意把女宝宝打扮成男宝宝；另一些家庭认为男宝宝难带，打扮成女宝宝才能免于夭折。但是，宝宝往往是看着打扮而归队，打扮成女孩的男孩会模仿女孩的说话、动作，失去了男孩应有的阳刚之气；打扮成男孩的女孩会学男孩那样喊打喊杀，不利于人格的成长，也不利于将来长大后的社会交往。

尊重儿童的兴趣选择，打破男女界线

过于男性化的男性和过于女性化的女性都不应该是我们进行性别教育的目标。父母应当尊重孩子合理的选择，在游戏中男孩也可以扮演妈妈，生活中女孩也可以玩汽车、机器人等玩具。

父母的榜样作用

2—3 岁孩子对性别的认识大多是通过模仿父母或同伴而获得。在家中，男孩学习爸爸的说话、做事方式，和爸爸一起玩游戏，女孩则学习妈妈。通过日常生活中的耳濡目染，孩子能够逐渐深入地认识两性的差异，以及这种差异所代表的社会意义。

4. 没有两片完全相同的树叶——个性的差异

豆豆是个小女孩，性格可一点儿都不像女孩，平时大大咧咧的，特别喜欢大笑。妈妈一直感叹，就像养了个儿子一样。但是，豆豆的哥哥乐乐却不是这样，妈妈说乐乐小时候总是哭，一天到晚都不消停，长大了也比较腼腆，不太喜欢说话。妈妈就很奇怪，两个孩子差别怎么这么大呢？

每个孩子都不一样

虽然2—3岁孩子的身心发展具有一些共同的特点，但是我们始终要铭记的一点就是，每个孩子都是不一样的。世上不存在两个一模一样的人，就像世上没有两片完全相同的树叶一样。即使是同卵双生子，他们的长相可能极其相似，但性情总会存在差异。

每个孩子都是一个独立的个体，在他的生长过程中，都在按照自己的步调和规律发展。有的孩子可能从出生开始就很好养，晚上睡觉不哭闹，讨人喜欢。有些孩子天生闹腾，从小晚上就不爱睡觉，总是大哭大闹。孩子的行为发展在年龄上有差异，你不必太担心。

孩子的发展有快有慢，这是正常现象，只要不落后于同龄群体很多，都不足为虑，父母只需耐心等待即可。

性格形成的敏感期

性格是人与人之间个性不同的最明显的特征。虽然每个孩子的性格各不相同，但性格不是与生俱来的，而是在后天的生活和环境中逐渐形成的。在孩子性格形成关键的 2—3 岁阶段，家庭氛围以及父母对待孩子的态度，对孩子性格的形成起着至关重要的作用。

对孩子性格形成影响最大的就是家庭环境因素，尤其是早期的亲子关系。那些受到父母良好照顾并且得到积极回应的孩子，往往能从周围环境中获得安全感，形成积极、良好的性格特征。在孩子 2—3 岁时，夫妻关系对孩子性格的形成也有重要影响，民主、和谐的夫妻关系和家庭氛围，有助于孩子养成乐观、积极、对别人充满信任的性格。

教养孩子有妙招

每个孩子的气质特点和性格特点都不一样，能力水平也有差异，在教育孩子时更应该因材施教。

积极引导，但不强行改变

每个孩子的气质类型似乎从出生就已经注定，并且大多数由遗传因素决定，气质类型本身也没有优劣之分。但是孩子的气质特点会影响与他人的关系，影响大人的照看质量。气质是相对稳定的，但可以通过有意识的引导，使孩子朝着积极的方面发展。例如，多血质类型的孩子开朗、外向、合群，这是他积极的一面，但同时有容易冲动、做事浮躁、注意力不集中等问题。父母可以通过帮助孩子养成良好的行为习惯，克服孩子气质特点中消极的一面。

父母要比孩子耐心

养孩子，就像牵着一只蜗牛去散步，蜗牛很有耐心，一步一步向前爬，但是牵蜗牛的人往往急不可耐。有人说，孩子的问题基本都是父母的教养问题。这句话虽然不全对，但反映出了父母对孩子的影响之深。很多时候，孩子很"慢"，不是因为他笨，而是厚积而薄发，有很多需要他学习的。父母很着急，只是因为没有像孩子一样蹲下来、慢下来"看风景"。当我们"蹲下来"站在孩子的角度，我们才能慢下脚步，助力孩子成长，而不是揠苗助长。

多一些指导，少一些攀比

"有一种孩子，叫别人家的孩子"，这句话听起来有些搞笑，但确实是大多数父母存在的攀比心理。如果2—3岁的孩子会反驳的话，他们肯定会说"有一种妈妈，叫别人的妈妈"。虽然攀比不代表父母认为自己的孩子有多差，可能只是一种激励手段，但无形中会挫伤孩子的积极性和自信心。

在教养孩子时，请你不要拿孩子跟别人攀比，也不要一味地指责孩子，每天挂在嘴边的是"不要……，你怎么又……，告诉你多少遍了，这样做……"。父母急于否定和批判孩子的行为与想法，但不告诉他原因，也没有及时正确引导，孩子会越来越混乱。

回顾与思考

1. 你每天有多少时间和孩子在一起？和孩子在一起的时候你都做些什么？

2. 你的孩子遇到过什么样的社交问题？你是如何做的？

3. 如何帮助孩子形成正确的性别认知？

4. 你的孩子有什么样的个性特点？

5. 当你发现你的孩子某些方面发展不如别人的时候，你会怎么做？

6

和孩子
在绘本中尽情"玩耍"

1. 早期阅读，你做对了吗？

孩子进入 2 岁，许多爸爸妈妈为孩子挑选、购买越来越多的故事书。丁丁妈妈就是这样想的：都说喜欢书的孩子聪明，报纸上也经常说"早期阅读"呀，"绘本阅读"啊，我可得给孩子多念念书，帮他认认字，不认字怎么阅读呀？

早期阅读的重要性，愈来愈为父母所认识。世界各国的研究都一致指出，早期阅读是儿童做好入学准备的核心，因为阅读和写作是实现任何学业成就的基础。那么，早期阅读到底是什么？是像丁丁妈妈认为的那样，孩子要多认字才能阅读吗？

意义深远的早期阅读

早期阅读的目的不在于认字，而在于通过书籍这一承载人类智慧的重要载体，帮助孩子建构出一个精神世界。

孩子需要日常生活以外的东西，有时候生活过于枯燥、重复、平庸，孩子也需要另一个世界来释放自己的情绪，满足自己的欲望，发挥自己的想象，感受并最终去创造一些有趣和美好——通过音乐、绘画、讨论和阅读。

正如蔡朝阳老师所说："这个无意义的童年，其实蕴含着深远的意义。这是一个涵泳的过程……阅读和游戏，就是孩子们对世界的认知与建构本身。"

阅读有三重意义：第一重指向对现实世界的理解与建构；第二重指向对艺术审美世界的建构；第三重则指向未知的、虚构的、仅仅属于想象力的世界。

多姿多彩的早期阅读

早期阅读是一个非常宽泛的概念，并不是说孩子看字、看书才是阅读，对于2—3岁这样低年龄的孩子来说，很多的活动都可以包括在早期阅读的范畴之内。这些活动包括：

自主翻看书本。

聆听成人讲故事。

听多媒体设备讲故事。

用点读笔点画书本。

在纸上乱涂乱画，然后告诉妈妈这是自己的名字。

拿着照片，告诉爸爸其中的一个小玩具的来历。

拿着商店的购物清单读出声来，假装自己认字。

外出购物时关注商店的招牌、外包装上的文字。

简单复述一个自己听到过的故事。

根据书本要求贴上所需的贴纸。

在图画中寻找一个小细节。

……

对于 2—3 的孩子来说，学习书面语言并不是早期阅读的主要目的，最重要的是，通过文字、图画、成人的语言以及生活中各种各样丰富的素材，通过口头和书面的语言来逐步获得对世界的理解，发展语言能力以及对阅读的兴趣和初步的技巧。因此，翻看书籍、听成人讲故事、自己复述故事、发表自己对故事的意见都属于阅读的范畴。可以说，所有有助于幼儿学习阅读的活动行为，我们都可以称之为早期阅读。

小贴士　美国早期阅读委员会提出的 0—3 岁儿童阅读能力目标

能够通过封面认识不同的图书。

会假装自己在读书。

知道书应该怎么拿。

开始建立跟主要的养育者共读图书的习惯。

通过发声游戏感受语言节奏的快乐和悟言游戏的滑稽等。

能够指认书本上的物体。

对书中的角色做一些评论。

阅读图书上的图片并且意识到图片是真实物体的一种表征。

能够聆听故事。

会要求或建议大人为他们阅读或书写。

可能开始关注某些特定的印刷字词，例如姓名的字。

逐渐有目的地涂涂写写。

有时候似乎能够区分图形和文字的差异。

能够写出一些类似字的符号，也能像用书面语言写作那样涂涂写写。

早期阅读不等于识字

由于多年来早期阅读的理念常常受到误读与误用，因此，我们在此必须强烈呼吁，早期阅读不等于识字！

绘本有无限丰富的可能

爸爸妈妈和孩子一起，在绘本中阅读、感受、挖掘的东西太多了！故事的因果关系、前后顺序，人物形象、表情、对话的模仿，绘画风格、细节设置、画面的构图，以及最为重要的童心，看待世界、人生、他人的不同角度与态度……

在使用绘本时，可以充满感情地朗读，也可以分角色表演；可以让孩子猜想故事进程，也可以发挥想象创编新的结尾；可以观察人物表情猜测其情绪状态，也可以寻找隐藏在画面中的细节；可以尝试复述完整故事，也可以将角色与情节做配对游戏……

在如此丰富的可能性之中，若只挑出与孩子能力并不匹配的识字来训练，近似于买椟还珠的荒谬与可惜。

强迫孩子识字伤害多

幼儿的眼睛还在发育之中，聚焦在近距离的需要仔细扫描识别的文字结构上，非常容易让眼睛疲劳；幼儿的知觉方面，常常表现出笼统、不精确的特点，他们较难区别相似的文字；在空间方位知觉方面，幼儿尚无法掌握左右方位的相对性和角度，3—4岁的幼儿对上、下方位的掌握还不是很稳定，在4—5岁的孩子中，无法分辨8与∞、6和9的情况也是常见的；与此同时，幼儿神经抑制机能还很差，不能过久地抑制自己的行动，或者从事过分细致的作业活动。

孩子在生理上、心理上都还没有准备好，强迫他们认字，除了对身体发育造成损害，最可怕的是让他们对阅读、文字产生厌恶感，这才是最得不偿失的。

儿童在生命的头几年，需要运用大部分能量去好好长身体，为将来的生活打下健康的基础。他们需要运用能量建立安全感和自信心，为将来的生活奠定心理基础。他们需要运用能量确认父母无条件的爱和接纳，从而爱自己、接纳自己，才能在将来的生活中百折不挠。如果在这个时期让他们过早学习书本知识，就提前透支了他们用以发展生命的能量。

随着孩子阅读经验的积累和阅读能力的增长，他们自然而然地会对语言文字产生兴趣，并识读出一些文字。阅读是个体的一种意义建构，促进精神成长，杜绝硬性灌输，这需要等待，点滴积累，水到渠成。

2. 2—3岁幼儿绘本阅读特点及指导

由于认知的特点，2—3岁的孩子阅读时常会有一些共同的特性需要父母注意。

倒置图书

有时你会看到孩子拿着一本书看得津津有味，走近一看才发现这本书是被倒着拿的，不仅如此，他将此书从头到尾翻一遍也难以发现。这是这个年龄段孩子阅读时的常见情景。

父母不必急着去纠正孩子的行为，而是要通过一定的方法来引导他学会辨别图画上下的常用技巧，比如，"这本书里的小白兔真可爱。哎呀，小白兔怎么脚在上头在下呀！""画图的阿姨真糊涂，把这幅画里面的太阳画在下面了，太阳公公不是应该挂在高高的天上吗？""尖尖的顶儿往下杵，这个房子站不住。"

不能明白画面之间的联系

由于许多 2—3 岁的孩子不能明白画面之间的联系，因此他们在阅读时不能将故事联系起来，也较难长时间地独立阅读、专心阅读。比如，孩子不能理解两幅画中表现的小狗从家里跑到外面的情节，而是会认为家中有一只小狗，外面又有一只小狗。

因此，要提升孩子的阅读兴趣与能力，父母在进行故事讲述时，一定要注意画面与画面之间的连接。比如，念"小狗跑啊跑啊"时要用右手手指指着小狗，左手翻页，"就跑到了屋外边……"；"小狗汪汪跑开了"，翻页，"你看看它跑到哪里去了呀"；"赛丽沿着楼梯往上走"，用手指假装赛丽的脚在画面上移动，"走到了楼上……"。

观察无序，局限于画面细节

2—3 岁的孩子有意注意水平低，对画面的观察往往缺乏目的性、顺序性，而过于局限于画面的细节。有的父母常会很惊喜地发现，孩子很细心，发现了父母都没有注意到的细节，比如画面中孩子的衣服鼓了起来，但却很难明白这是作者用以表现情景中的大风。

针对孩子的这个阅读特点，父母可以采用如下举措：

在讲故事时注意示范观察的顺序，如从上到下，从左到右，从里到外。如有必要，还可以买一些"找不同"之类的书籍来进行练习。

在讲故事时注意细节和整体的关系。比如，"小兔子这么吃惊，它跳了起来，嘴巴张得大大的，连身上的毛也竖了起来"。对于3岁的孩子，也可以请他先观察，再由父母将这些细节联系起来。

在讲故事时适当提出问题，发挥孩子的想象，并加以验证，发展孩子观察的目的性。

不会翻书

孩子年龄较小，小肌肉的发展还不充分，因此他们在翻页时常遇到困难——不同于成人的两指翻捻，他们会用两只手翻书，有时还不能翻过，有时还会撕坏图书，造成挫败感。

父母可以给孩子挑选书页结实的图书，在孩子无意造成图书损害时，也不要横加指责。短时间内不断地阅读练习，这个困难很快就能被克服。

重画不重字

2—3 岁的孩子可能会开始关注一些字词，但他们的主要兴趣还是图画。我们强调早期阅读不是识字，但也并不是完全忽视孩子对汉字的认知，特别是在孩子对汉字表现出自主兴趣的时候。

父母在指导孩子阅读时应先看书的封面，用点读法进行示范，一字一顿地将书名念给孩子听，也可以要求孩子用自己的小手指进行模仿。久而久之，孩子在看书时，首先做的就是伸出手指点着书名朗读。等孩子稍大一些，也可以将书名文字相同的书籍放在一起，让孩子自己探索字的读音。

这些做法，目的不在于让他认识某个汉字，而是让他感受到书面语与口头语存在着对应关系，让他感受文字的奇妙，增加对文字的敏感，激发对深入阅读的兴趣。

小贴士

松居直在《我的图画书论》中论述到，虽然我们大人是念书给孩子听，但是，却不应该把它当作念，而要当作"讲"来认识。当讲述者对书的内容产生兴趣、共鸣、感动，发自内心讲述的时候，也就能更好地向听的人传达书的内容。使讲述者感动并产生共鸣的图画书，是能让讲述者充分理解并在心中描述出丰富的形象的书。讲述者心中产生的形象越是丰富，越是能加深听众对故事的理解，引发他们的感动和共鸣。这是讲述者和听者的基本关系。

3. 绘本的选择与取放

绘本的数量与类型

2—3 岁的孩子喜欢听父母重复讲一些故事，也会自己反复翻阅喜爱的故事书，但是这不代表他只要几本故事书就行了。相反，孩子的认知正处于飞速发展期，成人很难判断什么类型、什么厚度、什么绘画风格的书籍符合他的认知水准。许多故事也许孩子反复翻阅了两个月，但是突然就不看了，觉得太简单太熟悉了；而另一些画面细节较多的故事书，之前一直不受"待见"，突然就博得了孩子的钟爱，反复要求讲述。

由此，家中的确需要一定数量、不同类型、不同厚度的绘本。这个年龄段的孩子至少应拥有超过 50 本的图书，虚构类、非虚构类都应该有一些。如果孩子定期去图书馆阅览借阅，可另当别论。

绘本的取拿与安全

绘本数量一多，安置与取拿就成了问题。

成人书籍存放时通常直立，书脊向外。但是儿童书籍通常较薄，且即使书脊上有字儿童也不认识，因此这种存放方式让儿童在取拿时，完全无法确认这到底是哪一本书，故不推荐。

有的父母会在墙壁上钉上一些置书板、置书槽，既能放书，又有美观装饰的作用，但常由于成人本身身高与视野的关系，装得较高。对儿童来说取拿不便，攀爬则会有潜在的危险。

常见的儿童书架较低，一般为2层，存放时封面向外，儿童取拿方便，但是造成的直接问题是置书量太少。因此，父母需要定期根据孩子的阅读情况进行置换。也可以使用书袋、宽书架或者书篮的设计，它们占地小，装书量多，但是父母也要注意经常更新。

绘本推荐：你读了吗？

爸爸妈妈需要知道，绘本不仅仅是故事书，它们还是爸爸妈妈和孩子沟通的有效途径。因此，在选择绘本时，父母需要注意多种类型绘本的平衡；孩子年龄较小，可选择画面简洁、人物情节突出的绘本；除画面之外，这个年龄的孩子还喜欢朗朗上口、音韵优美、富有节奏的文本；符合儿童生活经验的绘本更容易受到孩子的喜爱。

情感教育的绘本

每个人在情感表达方面都应受到鼓励。只有个体能表达自己的情感，才会有健康的心理。心理健康教育的基础，就是鼓励孩子感

受他们的情感，决定是否表达、怎样表达，以及如何释放情感，尤其是如何处理情感。

正因为如此，父母应该与年幼的孩子一起共读一些关注个体情绪的故事。优秀的绘本大多从幼儿的立场描述情绪变化，以第一人称观点叙事，直接处理主角的感受，因而较易引起幼儿产生共鸣，使幼儿能借由故事主角的情绪经历，增进他们觉察、理解他人情绪的能力。同时，绘本通常具有正面主题，造型有趣的主角人物通常具有自尊心强、积极克服个人问题的特色，能提供正面的价值与希望。幼儿阅读时，可因认同主角而模仿其态度与行为。

小贴士

"我的感觉"系列图书，包括《我好担心》《我好害怕》《我好难过》《我觉得自己很棒》《我好嫉妒》《我好生气》《我会关心别人》《我想念你》，可以帮助孩子和父母在一起感知情绪，认识情绪，管理情绪。当2—3岁的孩子出现相对应的情绪时，父母就可以取出绘本与孩子共读。

一般来说，此类绘本由以下几个部分组成：引发情绪的情景描绘（多种情景）—情绪感觉（行为）的描述—情绪命名—可采用的应对方法—树立信心（让宝宝感受到，自己可掌控这个情绪）。

但是2—3岁的宝宝年龄较小，父母不必强求要与孩子就书中内容、生活中的事件进行充分沟通或问题解决。只要让孩子觉得，虽然是让人不舒服的情绪，但大家都会有，是正常而常见的；成人也可以接受这些情绪及部分的表达方式。总之，这不是一件让人羞耻的事，不需要刻意隐藏或压抑。

良好行为习惯养成的绘本

宝宝良好的行为习惯的养成，有赖于长时间不断的坚持。与父母不断的唠叨督促相比，和宝宝一起共读一些情节紧凑、形象鲜明的绘本，往往能起到意想不到的良好效果。

《好脏的哈利》。这是哈利系列绘本中最受欢迎的一册。讲述的是不愿意洗澡的小白狗哈利，出门各处尽情玩耍后，变成了小黑狗，妈妈爸爸都不认识它的故事。整个绘本移步换景，描绘了孩子们喜欢的各种场景，并且画面活泼，情节跌宕紧凑。主人公哈利小狗的心理与小朋友的非常契合，因此整个绘本非常能够抓住孩子的注意力与情绪，也对他们卫生习惯的养成有很好的促进作用。

《牙齿大街的新鲜事》。对于很多父母来说，每天帮助孩子刷两次牙是一件苦差事。孩子往往由于其枯燥重复，而敷衍推延，或草草了事。可是牙齿健康对小宝宝来说可是一件非常重要的事情呢！这一绘本通过形象化牙齿细菌，描绘其所作所为，为孩子保护自己的牙齿敲响了警钟，帮助孩子清晰了解为什么要刷牙，不刷牙会产生什么后果。很多父母反映，孩子阅读后刷牙积极性的提升效果非常明显。本套另一册绘本《肚子里有个火车站》也很不错，意在培养孩子的良好饮食习惯。

《这是我的！》。这是三只小青蛙由什么都要争抢，表明"这是我的"，到碰到了大水灾受到大蛤蟆的帮助，从而学会了相互分享的故事。绘本的呈现形式为拼贴画，故事有悬念，跌宕起伏，说明了分享的重要性。父母和宝宝共读时可注意多朗读，或者共同朗读小青蛙思想转变后的话语。

音韵优美、朗朗上口的绘本

2—3岁的孩子很喜欢朗朗上口、音韵优美、富有节奏的故事语言，这也符合孩子的语言发展需求。这样的绘本给孩子读起来既亲切又生动，不仅能让孩子体会其中的节奏感，悦耳的声音也能让孩子安静下来。

《两棵树》。本书讲述了两棵树之间的友谊，故事非常简单，只有两棵树的一同成长、分离与重逢，但是孩子却非常喜欢。本书的语言音韵琅琅，通体抒情优美，像一首长诗，值得父母和孩子一起朗读。

《我和妈妈》。书中小熊和妈妈在采集食物路上的对话，语言清新质朴，一问一答，有着非常强的韵律。其中小熊的问题，也是许多小朋友心中想问的。另推荐本套另一册绘本《我和爸爸》。

另外，若说音韵的精美、节奏的起伏、语句的精练，首推《唐诗三百首》中的五言绝句。即使孩子不懂，其中语言的音乐感、节奏感也会让他乐于诵读。

如何为孩子选择合适的图书，这不仅是在孩子 2—3 岁时需要关注的问题，而且是贯穿于整个幼儿时期和今后的中小学阶段的问题。你可以参考新教育研究院新阅读研究所研制的《中国幼儿基础阅读书目·导赏手册》，为你的孩子逐步建立一个属于他的图书架。

回顾与思考

1. 早期阅读包括哪些活动？

2. 你认为早期阅读和识字是什么样的关系？

3. 2—3 岁孩子的绘本阅读有哪些特点？如何进行指导？

4. 你为孩子购买了多少绘本？都有哪些类型？

5. 你的孩子最喜欢的绘本有哪些？

第 七 章

尊重家里的 "小大人"

1. 开始放手，学习与孩子一起成长

　　思思两岁半的时候，妈妈带她去表姐家玩。表姐家那么多的玩具把她迷坏了。她摸摸这个，拿拿那个，喜不自禁。不一会儿，两岁半的思思和 4 岁的表姐就发生了玩具抢夺大战，两个小朋友互不相让，并开始大喊大叫。妈妈严厉地批评思思说："思思，你这样做非常不对！这是姐姐的玩具，姐姐不同意就不可以拿。"僵持了一会儿，思思放开了玩具，又神色如常地玩了一会儿其他的玩具。

　　睡觉的时候，妈妈搂着思思问她："妈妈今天在姐姐家批评你，你生气吗？"思思翻了一个身，说："我要睡觉了，你不要吵我了。"妈妈继续问："思思生气了，是吗？"思思突然号啕大哭起来。

　　妈妈这个时候突然发现，小思思已经长大了，已经有了自尊。

　　孩子飞速地成长起来，带给你喜悦的同时，你也要明白，在不同的成长阶段孩子的发展特点和需求是不同的。做称职的父母，需要洞悉孩子在每个阶段的发展特点和需求，学习与孩子共同成长。

　　从孩子呱呱落地后，全方位地服务孩子就是父母的工作要义。帮他换尿布，喂奶；帮他学走路，穿衣服；帮助他阅读绘本，驱散恐惧……也许你已经逐渐习惯并乐在其中，但是，在孩子自我意识逐渐成长的 2 岁之后，你应有意识地给孩子一些空间去自我服务与尝试探索。这非常重要，代表着父母对孩子个人"主权""独特性"的认可和尊重，也是孩子自主性、主动性发展的起点。

你的孩子很棒

在生活方面，孩子已经能够很能干地用小勺进食、用杯子喝水，会拼圆形、方形和三角形的拼版，并能用积木搭出高高的塔。两岁半到 3 岁，他不仅走路、跑步更稳更协调，还能自己穿衣、刷牙、扣扣子，甚至能用筷子和剪刀。

语言发展方面更不用说，他的词汇量会逐渐达到 1000 个以上，是一岁半之前的 4~5 倍；到 3 岁时，他已经掌握了基本的语言技能，日常会话已经完全不成问题。

运动方面，如果给予他足够的机会和支持，他的表现让人惊喜。3 岁时，他能在攀爬架上爬升至 2 米，能快速地滑动滑板车，能走上 50 厘米（是他身高的一半）高的平衡木，也许还能骑自行车。

在社会交往方面，他乐于和小伙伴们一起玩，能够结成一些固定的好朋友的关系，尝试学习交换、轮流和分享等社会规则。

当然，孩子完成这一切，需要机会尝试，以及大人的支持。但在现实的家庭环境中，大人为孩子包办代替已经习以为常：有些祖辈家长觉得孩子还小，干什么都存在风险；父母则觉得等孩子磨磨蹭蹭地做完事情时间太长，比如自主吃饭，孩子速度慢不说，大人还需要做很多后续清洁工作，反而低效。殊不知，没有练习，就没有能力。大人的包办代替在很多方面会对孩子的发展造成不利影响。

允许孩子独立做事，自我服务

随着身体各系统功能的日趋成熟，2—3 岁孩子有了独立的意识，喜欢尝试自己做事，乐意动手为自我服务。这个阶段的个体正处于埃里克森人格发展阶段理论的第二阶段——获得自主感而避免怀疑感与羞耻感。这时候，如果父母允许孩子独立地去干一些力所能及的事情，并且表扬他完成的工作，就能培养他的意志力，使他获得一种自主感，能够自己控制自己。

相反，如果大人过分爱护孩子，处处代替孩子动手，或过分严厉，这也不准那也不许，稍有差错就粗暴地斥责，甚至采用体罚，孩子就会形成较低的自我效能感，感觉自己"不行""做不好"。无论遇到什么任务，他都只有较低的心理预期，容易产生畏难情绪，难以处理压力情境。例如，当孩子喝水时不小心打碎了杯子，自己上厕所时尿湿了裤子，大人就一味地责怪孩子，久而久之，会使孩子一直产生失败的体验，就会产生自我怀疑与羞耻感。

2—3岁是培养孩子自理能力的最佳时期，如果父母多鼓励、帮助孩子完成一些力所能及的事，使他体验到成功的喜悦，那么孩子的自理能力、自主意识会很快提高，还会更加自信快乐哦！

小贴士　2—3岁孩子自我服务活动实例——自己穿鞋

目标：掌握穿鞋的技能。

方法与过程：父母先示范如何穿鞋，让孩子仔细观察。然后教孩子念儿歌："小鞋子，像小船，小脚丫，是船长。小脚伸进船舱里，用力拉起鞋后跟。"最后让孩子练习自己穿鞋，父母在一边给予帮助。

温馨提示：可以给孩子买一把小椅子，让孩子坐着穿鞋；尽量不要给孩子穿系带鞋；出门穿鞋时，给孩子预留充分的时间，耐心等待。

2. 善用家务，培养孩子作为家庭一员的责任

2—3岁孩子独立意识萌发，喜欢自己做事，但自我控制力较弱，常会破坏规则，到处捣乱，弄得家里一团糟。父母往往会跟在孩子后面，替他收拾好。但是这样的做法，并不利于孩子责任心的培养。

培养孩子的责任心，首先要给孩子一些可负责的任务。这些任务可包括：对自己负责——自己吃饭、穿衣；对自己的行为负责——在大人协助下收拾玩具；对家庭负责——做一些力所能及的家务。孩子只有从小开始实践为家庭付出、为他人付出，才能在心中长出责任心的幼苗，才能感受到自己作为家庭成员受到的尊重。

做家务是一种家庭内的"做中学"

孩子做一些家务能帮助他们形成良好的个性特点，如责任心、合作。与此同时，这一行为本身也能让孩子进一步感受到家庭的归属感，培养他的家庭观念——作为家庭的一员，要为家庭做出自己的贡献。

在做家务的过程中，父母可以向孩子渗透一些教育观、价值观，

更重要的是孩子参与一些家务的过程，例如打扫、收拾、维护，都是完整真实生活不可或缺的一部分，孩子应该亲身体验这些过程。

让孩子参与家务的具体步骤

为什么让孩子做家务，是父母首先要明晰的问题。培养他的动作技能？练习分类与收纳？培养他对家庭的责任感？帮助他明了权利与义务的关系？让他体会父母每日的辛勤与不易？培养他的耐心与毅力？……无论是哪一项或者哪几项，父母都应充分思考，这有助于选择适合达成这些目标的家务内容，也有助于将这一要求坚持到底，而不是半途而废。

其次，审视家庭内家务分配的现状。家庭中的主要家务包括哪些部分，分别由谁承担？现有分配是否合适，是否平衡？家中较为轻省的可由孩子承担的家务有哪些？尤其要避免的是家中家务由一人包揽，他人坐享其成。这往往会让孩子认为他人完成家务是理所应当的。

最后，对个人在家庭中的贡献进行赞美。对他人的劳动进行赞美，例如"啊，奶奶做的饭真好吃，谢谢奶奶""爸爸把我们今天要吃的大米扛回了家，爸爸力气真大""妈妈洗的衣服真干净，香喷喷的"，可以激发孩子参与到家务活动中来的动机和兴趣。实际上，对孩子来说，没有什么事情比被像大人一样对待更加开心的了。

小贴士 孩子可以参与的家务实例——倒垃圾

目标：培养坚持性，练习独立上下楼梯不用搀扶，了解卫生习惯对健康的重要性，体会自己的行为对家人健康的重要价值。

方法与过程：父母先给孩子示范，然后孩子在父母的协助下，坚持每日倒垃圾。父母要对孩子的行为及时赞美。

温馨提示：可以根据情况，将倒垃圾换成孩子力所能及的其他家务劳动，如节电督查、餐前分筷子等。

让孩子参与家务的注意事项

千万不要以为让孩子做家务是一件很容易、很简单的事，这不仅对孩子是一个挑战，对父母来说，如何适宜地指导孩子更是一个不小的挑战。下面的建议，可以很好地帮助你。

2—3岁孩子尚年幼，应尽量给他选择一些适宜的家务，如吃完饭后抹餐桌，把脏衣服扔进脏衣篮，等等。

对需要做的家务做出具体示范，这远远比言语示范有效。

对孩子做的家务以表扬为主，不要去批评他的工作，批评会挫败孩子的自尊，更会降低他与人合作的意愿。如果某项工作要求每次都必须完成得尽善尽美，那这绝对不是一项适合孩子去做的工作。

即便孩子有几次不能或不愿完成任务，不要批评，以积极的方式来表达愿望，如"爸爸妈妈知道你明天一定会做得很棒"。

可以给做家务加上一些乐趣和游戏，如假装收拾脏衣服是在地里摘西瓜，这样才能让孩子更好地完成任务，从而达到你预想的要求。

如果要孩子长期坚持做某一家务，应提供一些奖励，如小贴纸，或者告诉他做几次家务可以获得他想要的糖果或游戏机会。

不要过多要求，乐于帮助大人做家务，并且能够坚持一项家庭任务，对于2—3岁的孩子来说已经是非常完美了。

你的情绪和行为在很大程度上影响着孩子，因此，你在做家务时尽量不要显得厌倦或者怨声载道。

3. 不必强求孩子分享

2 岁的琪琪在小区玩耍的时候，遇到了小姐姐慕可。妈妈看两个孩子玩得好，就请慕可和她奶奶一起来家里玩。结果到家之后，琪琪一会儿护住木马说："这是我的，别人不许玩。"一会儿抱住小熊说："这是我的，别人不许抢。"慕可在琪琪家转了好久，一个玩具也没能摸到，失望地回家去了。

对物品的强烈占有欲是自我意识发展的重要表现。孩子常常喜欢说："这是我的，那也是我的！"这并不是任性的表现，而是孩子通过这种方式对物品的所有权进行归属划分，与物品建立联系，同时也让孩子的自我意识得到满足，他们需要完全属于"自己"的东西了。

尊重孩子"我的东西我做主"

孩子对玩具等物品的"物权意识"常会引发一些冲突，这并不是孩子自私的表现，而是孩子自我概念发展的结果。因此，当孩子

不愿意分享时，我们要尊重他的所有权，让他"我的东西我做主"。

你要做的不是让孩子一定要把自己的东西分给别的小朋友，而是帮助他区分哪些是他自己的东西，他可以做主，哪些是别人的东西，他不能做主。只有当孩子逐渐清晰"我的"和"你的"界限时，他就会愿意用自己的东西和别人进行交换，也就真正学会了分享，"我的东西大家用"。

当你遇到孩子争抢玩具时，可以首先将他的占有欲理解为成熟的标志而加以肯定，对他说："对，这是你的！"然后再鼓励他让步："但是，过一会儿你可以和其他人轮流玩吗？"而不是一味地从成人的眼光出发，坚持让孩子分享。同时，父母也应该允许孩子拥有某些为数极少的、只属于他自己的、可以不与人分享的玩具或其他物品，这也是对孩子的一种尊重。

孩子能学会分享

在托儿所进行的一项研究发现，两岁半到三岁半的孩子常常对自己在假装游戏中表现出来的友善行为感到满足，而 6 岁的孩子则更多地表现出真实的助人行为而很少假扮助人者的角色。

许多 2—3 岁的孩子尽管会对同伴的悲伤表现出同情和怜悯，但他们并不是非常愿意做出自我牺牲，如和同伴分享一个心爱的玩具。只有当大人教育孩子要考虑他人的需要的时候，或者当一个同伴主动要求甚至强迫他做出分享行为时，比如，同伴说"如果你不给我玩具，我就不和你做好朋友了"，分享和其他友善的行为才更可能发生。

随着年龄的增长，孩子会逐渐学会分享。再过一年，即使心中不舍，孩子也会和小伙伴分享大多数的玩具了，因为他知道，玩具借给别人玩一玩，还是我的，别人会还给我的；我把东西借给了别人，别人也会愿意把东西借给我；大方的孩子，大人、孩子都喜欢。至于完全无私的利他行为，孩子还要过一些年才会习得。

4. 允许孩子犯错才能不畏挑战

君君的父母最近很头疼，因为君君遇到一点点挑战就畏缩不前，即使面对有一定把握的任务，也经常以"我不会""我不要玩这个"为理由逃避；或者失败后闷闷不乐，大发脾气。若他们采用"激将"等方法，君君就愈发躲闪。这不由得让他们"恨其不争"："将来的社会是竞争的社会啊，没有一点儿迎难而上的精神，今后可怎么办？"

心理学家发现，在 4 岁以前，一些儿童面对挑战时会放弃，这包括两种情况：任务无法完成或者失败后没有受到鼓励。研究者向这些放弃的儿童询问原因时，他们经常报告说如果挑战失败，父母会生气、发怒或惩罚他们。2—3 岁的儿童失败时还会表现出失望和内疚。

孩子不愿意接受挑战，是因为知道父母痛恨他的失败。父母的不悦给他带来的负性情绪如羞耻、内疚以及无能感等，让他难受，甚至感到难以承受。

孩子不应是你理想中的孩子

很多父母有一个理想中的孩子，这个孩子外表出众，举止得体，进退得宜。而将现实与理想不断对比让他们总是生气，相差太大！

但是，亲爱的爸爸妈妈，2—3岁的孩子有其自身的年龄特点：他喜欢喧闹，高兴时还要尖叫；他喜欢追逐打闹，有的时候会摔伤；他总想尝试自己没有做过的事情，所以也常常办砸；他有的时候太着急，反而说不清楚自己的想法；他会小气，不愿意分享；他也会"小题大做"，面对大人眼中的一点儿小事会掉眼泪。你要知道，这就是你的2—3岁孩子，不是一个缩小版的大人。

呵护孩子细腻的心思

相比2岁前对待新奇任务的冒冒失失、一往无前，2岁之后，孩子的自我意识逐渐清晰，他们的自我评价也与任务的完成情况相关联。正因为此，他们会拒绝接受感觉有困难的任务，这让他们感到自己很笨！

约翰·霍特对孩子在学习过程中的心理状态做了细致的描述："他们很清楚地知道自己知道的事情很少，或者能理解的、能做的事情很少，对孩子们来说，知道这一点常常让他们感到害怕和丢脸"，"孩子们的无知和笨拙经常让他们感到痛苦"。

与此同时，孩子还能敏锐地感受到成人因自己的能力表现而产生评价和情绪，儿童甚至婴儿都能够非常准确地捕捉到熟悉成人哪怕非常细小的情绪表现，受到感染，并且感受更深——"妈妈因为我好失望啊，我表现得太糟糕了！""我又没有达到爸爸的标准，他会不爱我了吗？"因为这个年龄段的孩子有着高度的自尊，自我概念又依赖成人的评价，因此失败往往给他们带来比成人更强烈的情绪。

给孩子自己纠正错误的机会

那么，遇到孩子出错时父母到底该怎么办？你必须谨慎，不要不断地、强制性地让他意识到自己的弱点；应当给他时间让他自己纠正错误，让他在练习的过程中培养出能力和自信。

试误是孩子常用的学习方式，成人在陌生环境里面也一样——想想你面对一台新的机器，是怎么学习操作的。让孩子知道，做错了并没有什么大不了，能不断尝试才是最棒的。

孩子利用自己的感觉和判断，来发现并纠正自己的错误。他这样做得越多，就越会感觉到这种利用头脑的方式是行得通的，也就会更加善于这么做。但是如果当他一犯错误，父母就立刻指出，甚至更糟糕的是，给他纠正过来，那么他的自我检查和自我纠正能力就不会发展，而会逐渐消失，从而成为一个畏畏缩缩、不愿尝试的人。

帮助孩子自信又主动

如何面对困难，迎接挑战还在其次，首先父母要帮助孩子形成一个更积极、稳定、真实的自我概念，这样孩子遇事才会有更主动的态度。

给予孩子无条件积极关注。让孩子知道不会因为自己失败或者犯错误就失去父母的爱。

表扬针对孩子的努力过程，而不是其他。

允许孩子犯错。

听取孩子的意见，并给予他一些管理的责任，让他控制自己的生活。

鼓励孩子表达感受。分享孩子的积极情绪，接受孩子的负面情绪，表示同情和支持之后，再提出建设性意见去处理。

告诉他，没有人会十全十美。

最后，建立符合孩子实际的"高期望"标准。这有点难度，父母需要很多次地观察、揣摩、调整，很多次地和孩子一起努力。但是这非常非常重要，因为这一"高期望"标准内化之后，就可能是孩子积极的自我概念。

5. 学会表扬孩子的方法

每个成人都会表扬孩子，但是你真的会表扬孩子吗？

表扬的类型

表扬分为三类，你对孩子的表扬属于哪种类型？

个人取向的表扬。它是对孩子做出的一种整体性判断，反映了孩子的人格特质，指向孩子自身，如"你真聪明""你真是个好孩子"。

过程取向的表扬。它是对孩子在完成任务过程中或行为过程中的努力程度或所运用的策略进行反馈，指向行为的过程，如"这种方法很好，你还能想出其他可行的方法吗""你在做的过程中很努力"等。

结果取向的表扬。它反映行为的客观结果，指向具体行为的适宜性，如"你做对了9道题""你取得了一个好成绩"。

不同的表扬，不同的表现

父母总是希望孩子接受了表扬以后能再接再厉，更上一层楼，但是结果是不是这样呢？

研究发现，当遇到挫折时：

> 经常接受个人表扬的孩子，一旦遇到挫折或失败后，表现出了比较明显的无助反应，因为他们接受了成人的信息，无论成功或失败，都是由于自己的能力不够，努力也不能改变结果。
>
> 过程表扬组的孩子，在遇到挫折或失败后则更多地表现出了掌握取向的反应，因为他们认为，智力和能力都是可以改变的，只要不断尝试，就能成功。
>
> 结果表扬组儿童的表现介于两者之间。

进一步研究还发现，在挑战时：

> 接受个人表扬的孩子往往认为成绩就是个人能力的象征，因此如果某个学习机会有犯错误的危险或不能保证即时的好成绩，他们就会为了"使自己看上去聪明"而拒绝"挑战自己""学习新东西"，从而就有可能牺牲这些潜在的有价值的学习机会。
>
> 而接受过程取向表扬的孩子则关注学习目标，关心在过程中自己能够学习到的东西等，定向于自己能力的发展，从而更愿意接受挑战。

下面列出了许多表扬孩子的语言，你认为它们属于哪一类型的表扬语？

瞧，你多聪明呀，这么难的问题也知道答案！

你真勇敢！

你第一个站起来发表意见，真勇敢！

你想出了比书上更好的办法。

你是最棒的！

你的想法比妈妈的更好。

你学会了和别人分享，妈妈为你骄傲。

你唱得真好听，像一只小百灵。

我的宝宝一直这么能干，爸爸好开心。

回顾与思考

1. 你的孩子可以做哪些自我服务的事情？

2. 你让孩子参与到家务中来了吗？有哪些注意事项？

3. 如何看待孩子不愿意分享的行为？

4. 你如何对待孩子的错误？

5. 哪种类型的表扬对孩子的发展更有利？具体怎么做？

第八章

8

让玩具"活"起来

1. 不是买来的才叫玩具

对于婴幼儿来说，最重要的事情就是玩，是游戏。在日常生活中，他做的每一件事都是学习，他觉得有趣的每一样活动都是游戏。同样的，玩具也不仅局限于你在商场花钱购买的，孩子在摆弄、在探索的物品，都可以是玩具，也都可以从中受益。

大自然中的玩具——水、沙、泥

大人都不理解，普普通通的水，无色无味，为什么孩子那么喜欢，一看见水就兴奋不已；地上的泥土、沙子那么脏，为什么孩子如此痴迷，蹲在地上玩个不停。这是因为他们已经忘记了自己的童年状态。

水是无色透明的流动性液体，看得见，摸得着，但抓不住，真是神秘莫测、非同一般的玩具。水游戏对幼儿来说更是变幻无穷的。沙、泥既可以是固体的，又可以是流体的。对孩子来说，它们是那么的神奇，变化无常又易被抓握，不同的水量可以调出不同的状态，极具可塑性，形态无穷，并且在数量上极其充分，取之不竭用之不尽，从本质上满足了儿童内心的需求和操作中的创造性。没有任何一种玩具能如此多方面地满足孩子的需要。

促进孩子感知能力和创造力的发展

不同于购买的玩具那种单一的光滑感，孩子搅动水流，可以体会其中的柔韧与力量；拍打湿沙，可以感受其中的粗粝与坚实；抓握泥浆，可以感受泥浆在指间的缓慢流动。这些都是孩子非常喜欢的，并且使他们的感知锻炼得越来越敏锐，同时也获得了情感上的满足。

所有的教育学家、心理学家都赞同低结构游戏材料最能发展孩子的创造力。沙、泥和水是无形的，是最低结构的材料，可随着孩子的喜好而随意变化。他们可以在沙堆里任意地掏洞、挖沟，将水泼洒在地上观察水形成的图案，在水坑里扔进各样的东西观察它们的变化，等等。有趣的游戏促使宝宝更多地"发明"不同的玩法，宝宝的创造意识和能力也渐渐成长起来了。通过玩沙和玩水，锻炼了孩子手的动作，培养了孩子的观察力、想象力和认识能力。

和孩子一起放手去玩

任何一种人为的玩具都无法与大自然的赐予相媲美，水、沙、泥适合所有心智状态的孩子，玩法变化无穷，这就是大自然赐予孩子最好的礼物。请你抛开成见，回归美好的童年时代，找回曾经的最爱，和你的孩子一起放手去玩水、泥、沙。

在一盆水中放入各种物品，有的浮上来，有的沉下去，这个"浮力实验"能使幼儿初步感知到不同物体轻重不同，而水有区别它们的"魔力"。

把一块海绵放入水中也会沉下去，捞上来一挤，原来里面吸满了水，这一现象更增添了孩子的兴趣。

如果用一根塑料管向水中吹气，等于让孩子做一次浅显的物理实验。

给孩子一小撮洗衣粉清洗布娃娃或手绢，水中很快就出现许多泡泡，对2岁多的孩子来说，这简直就像变魔术！

给孩子几个小桶或小碗，或者一辆翻斗车，孩子会乐此不疲地运输。孩子在这个过程中可以增强肢体的协调性，也可以控制手部肌肉的动作，发展手眼协调能力。

给孩子准备一把塑料小铁锹，让他随便挖沙土玩，他不仅可以了解深度的概念，还会有很多惊奇发现。

准备一些彩色球等玩具，先把玩具埋在沙土里，再让孩子去找。找到被埋起来的"宝物"，会给孩子带来惊喜和成就感。

对于年龄稍大的孩子，还可以准备一些小人、动物、树木等玩具，让孩子体会在"微缩景观"中操纵排演的乐趣，发展想象力与语言能力。

玩沙土的注意事项

部分爸爸妈妈会觉得沙土实在脏，那么多的细菌会让孩子生病的。其实不然，孩子适度地接触细菌，能较好地提升免疫力。但是在孩子玩沙土时，父母还应注意：

应告诉孩子，玩沙土时不要揉眼睛；玩完之后应认真漱口、洗手、洗脸；如有沙土进入指甲，还应使用软刷清理。

玩沙土时最好穿纤维密实的衣物，如防晒衣，否则沙土很容易进入衣服纤维，难以清洗。

事先准备好水和毛巾。在游戏过程中，万一孩子的嘴里进了沙土，或是孩子口渴了，都需要用到水。毛巾则可以用来擦掉孩子身上的土。

部分游乐场使用的人工沙重金属超标，长期接触将对孩子的健康及智力造成不利影响，应尽量避免去玩。

生活物品欢乐多

有的时候，不一定需要费尽心思去购买玩具，比起那些五颜六色的过于亮丽的玩具，生活中随手可得、随处可见的许多物品都可以是好玩具。爸爸妈妈开动脑筋，也可以开发出许许多多好玩的游戏。

孩子喜欢的游戏要素

孩子喜欢玩的游戏，有以下一些特点：

能动起来。奔跑、跳跃，乃至打滚，或者尝试做各种各样的看似平淡无奇的杂技舞蹈动作，是每个2—3岁孩子的最爱。

故事中的一点点惊险。创设一些故事氛围，使游戏变得有一点点的惊险，会很对孩子的胃口。不需要情节复杂的故事，只要一点点场景，小小的"危险"，比如游戏"好多小鱼游来了"的抓捕，让孩子机敏而兴奋，也让这个游戏几十年长盛不衰。

肢体的触碰。年幼的孩子触感灵敏，喜爱抚触。有时你看到孩子打闹一处，别着急分开他们，这不是打架，这样亲密地抱在一起才是他们玩乐的重要目的。这样孩子成年后才不会得"皮肤饥饿症"哦。

音乐韵律。游戏中加上一点点的音乐，或者韵律，会让孩子百玩不厌。

家庭互动游戏

利用家里的生活物品，对照孩子喜欢的游戏要素，你会很容易和孩子开展各种游戏了。

躲猫猫。父母可在家中某处藏起来，让孩子去找；或把某样东西藏在家中一角，让孩子找寻。游戏可以交换角色进行，赢的人将收获一个大拥抱。

创意拼画。父母和孩子一起利用家里的蔬菜、水果、干果，拼出各种创意造型。可以先由孩子随意拼一个图形，再由父母补充完整。如有可能，还可以配一首短短的儿歌。

摇摇床。父母各执被子的两头，将被子做成吊床式样，让孩子躺在其中。父母可以随着音乐或者一定的节奏进行摇晃。

唱唱戏。根据孩子熟悉的一些故事，父母和孩子可以利用家中各种物品进行角色扮演，上演"追捕""躲藏""觅食""游览"等情节，并让孩子自由发挥，推动故事进程。

2 岁多孩子的游戏，不在于玩具的豪华或者功能多样，最重要的是和爸爸妈妈在一起笑、吵、闹、互动。在这一过程中，在体会到父母对自己浓浓爱意的基础上，他才能发展一些认知、运动与社会化过程中需要的小技能。

2. 理性购买玩具

孩子会说话后，伴随的就是积极地表述自己的意愿，而要求"买买买"就是其中的一大部分。即使父母尽量克制，但日积月累，加上他人的馈赠，玩具数量的不断增长总是常态，家中空间被玩具逐步占满。对于一些父母，特别是很少有时间陪孩子的，需要特别明确，买玩具不应该是你向孩子示爱、示好的主要方式。

玩具不是越多越好

美国一项研究显示，给孩子过多的玩具或是不适当的玩具会损害他们的认知能力，同时如果孩子面前的玩具过多，会让孩子无所适从，无法集中注意力玩一件玩具。长此以往，容易让孩子养成浮躁的性格，对玩具不能深入探索，也不懂珍惜。有观点认为，这是因为他们脑部神经尚未发育健全，选择能力和控制能力不够成熟，玩具如果过多，刺激过度，信息过杂，很容易使大脑形成的各种"兴奋灶"之间互相影响、干扰和制约，阻碍神经系统的发育。

不要只看价格

对于玩具，父母首先看到的是便宜和贵。

父母有时的确难以理解，小家伙常常喜欢那些便宜的抛弃型玩具，而不是昂贵的益智玩具。所以，在买玩具之前，一定要留意那些可以吸引你孩子的玩具究竟具有哪些特点——这一方面能帮助你更好地挑选、购买玩具，另一方面也能让你更好地了解孩子。

如果你知道某种玩具孩子会玩好多年，那么购买那些设计精美、经久耐用、价格较高的；如果你觉得某种玩具很快会过时，孩子的新鲜劲儿很快会过去，那么要么别买，要么买个便宜的，当然得符合安全标准。

种类齐全，全面发展

对于现代家庭来说，家中绝不缺少玩具，甚至"铺天盖地"。但是仔细清点，却发现绝大多数的家庭中，玩具的种类并不齐全，偏向性严重。而对于2—3岁的孩子来说，最重要的发展原则应是：全面。下面，我们一起根据功能来梳理一下玩具的分类，你可以加以对照，方便查漏补缺。

运动类玩具
这可能是孩子们最喜欢的玩具。大到运动场地上的健身器材，小到家中的沙包、陀螺，都可以归入此类。其中可包括促进攀爬技能的滑滑梯、攀爬架，促进平衡感发展的秋千、摇马、弹簧座椅，孩子热爱的扭扭车、三轮车、滑板车，在家庭中越来常见的球类、投掷篮筐，等等。

总体来说，要促进孩子的大动作发展，没有什么比一个能够撒欢的安全场地更好的了。现今一般小区里都配备有大的运动器材，父母可以给孩子购买他喜欢的车子，多带孩子去玩一玩，不仅能够促进孩子运动能力的发展，还能培养他的耐力、毅力、耐挫能力、社会交往能力等。

促进孩子精细动作发展的小型的运动玩具，各种类型特点不一。若受家庭空间的影响，最建议购置的还是球类，因为玩法多样，玩起来最具开放性，并且室内室外都能使用。

益智类玩具

益智类玩具可包括种植养殖类、操作类、规则类（主要为棋类）、科学类与阅读类。对于2—3岁的孩子来说，图画书、积木是不可少的，还可以尝试4块以下的拼图、拼插玩具、沙滩类玩具、铁丝绕珠、套套杯等，他也会对飞行棋、跳棋感兴趣。

角色扮演类玩具

整个学龄前阶段，角色扮演游戏一直是孩子们所喜爱的。通过扮演其他角色，孩子暂时脱离了行动处处受限的宝宝的角色，成为能干、强大的"成年人"，并在其过程中发挥了想象力，体会到安全感。

2—3 岁大的孩子，可以给他一些人物或动物形象的玩具。如果可能的话，添置一套塑料厨房用具，在洗、切、烧、喂的过程中，他会感到莫大的乐趣。当然，一套医生扮演类玩具也会受到孩子的欢迎。

音乐类玩具

虽然孩子年龄小，但是他也喜欢表演一些小节目来"秀一把"，如唱儿歌、跳舞。虽然他并不完全理解表演的内容，但是成人的惊喜和鼓励常让他自我感觉良好，体验到更多的自信和胜任感。因此，可以给这个年龄段的孩子买一件乐器类的小玩具，如小鼓、沙球，或者小电子琴。带着乐器的表演能让他感觉自己是一个真正的音乐家。

美艺类玩具

绘画是幼儿表达思想与行为的第二套语言。2—3 岁的孩子也需要一套画笔，颜色不用很多，但是应鲜艳；画笔应该够粗，柔软易于着色，但是不易折断。除画笔以外，可直接用于绘画的管装颜料也是不错的选择。

橡皮泥也是不可缺少的。2—3 岁的孩子手指力量还较弱，可以选择面粉类的橡皮泥，颜色不必很多，3~5 样模具也足够，主要让孩子感受揉、捏、切、搓等动作的乐趣。

两岁半的宝宝在教导下可以使用儿童剪刀，因此父母可以准备好彩纸，和孩子一起剪纸、折纸。虽然这个年龄的孩子并不能像大人那样完成这些步骤，但是他依然能够感受到其中的神奇并为之雀跃不已。

3. 和孩子玩起来

亲子游戏

反弹接球

父母和孩子面对面站好，父母拍一下球，让球弹向孩子，孩子双手接住球。然后，孩子学着父母的方法，拍球传给父母。

踢球

和孩子相距 3~5 米站立，先由爸爸或妈妈把皮球踢给孩子，再让孩子以相同的方式把球踢还。当球踢偏了时，让孩子去捡。也可以让孩子把球踢向规定的目标。

投球

先给孩子可以单手握住的小球，教孩子握球、过肩投掷。然后再给孩子必须要用双手才能抱起的球，教孩子抛球、投篮。可以要求孩子把球朝一定的目标扔出去。

抢球大赛

把一些乒乓球放在筐里，和孩子每人拿一个小碗和一把汤勺。和孩子比赛，用勺把球舀到小碗里，看谁舀得多。也可以故意让孩子赢几次，让他体验到成就感。

飞行棋

两岁半之后，孩子能够理解一些简单的规则，这时可以和孩子玩一玩飞行棋。先把规则讲给孩子听，并同时用棋子做示范，然后再和孩子开始玩。在开始玩时，孩子会经常忘记规则不会走棋，爸爸妈妈要有耐心，不断告诉孩子规则，并帮助他走棋。

找不同

和孩子利用相关的图画书，一起找一找两幅相似图画中的不同之处。可以和孩子轮流找，爸爸妈妈先找出一处，并告诉孩子具体什么地方不一样，再让孩子尝试找一找，说一说。

动物宝宝睡觉啦

和孩子扮作爸爸妈妈，一起将 3 个动物玩具宝宝排成行，为它们做睡觉准备。给孩子 3 个纸杯和 3 张纸巾，让他帮助动物刷牙，然后给动物盖上"被子"。

音乐会

准备好玩具琴、小鼓等，和孩子来一场疯狂音乐会吧！可以先

让孩子进行个人表演，然后爸爸妈妈和孩子一起合奏。当然，一边演奏一边跳舞会更精彩哦。这个时候，请把"不好意思""不会"统统抛到一边，开心才最重要。

做饼干

和孩子一起利用橡皮泥做各种颜色、形状的饼干。可以使用模具，也可以鼓励孩子自己搓团、压扁，或者直接捏出饼干的样子。做好饼干后，假装尝一尝孩子做的饼干，告诉他饼干的味道如何。

游戏建议

运动游戏建议

避免对抗性较强的运动，如拔河、掰手腕，也应该避免兔跳、轮滑等会对孩子的膝盖造成损伤的运动，可选择弹跳、玩球等体育运动。

强调运动的游戏性和趣味性，避免强制要求孩子学会具体的技能。

运动中应注意随时给孩子补水，但也不能大量喝水，应遵循少量多次的原则。

外出运动必备汗巾，孩子的衣物要吸汗、透气、方便穿脱，适合运动而非美观。

运动后不宜立即给孩子吃东西，否则会引起消化不良。

运动适量。如果运动后孩子感觉心情舒畅、精神愉快，虽有轻度疲劳，但没有气喘吁吁、呼吸急促的不良感觉，就说明运动量比较合适。

孩子尚年幼，无论进行怎样的游戏，都需要成人的保护、陪伴和示范。

病后或由于其他原因长时间没有运动的孩子，可以在运动前先做一些热身，如扭扭手腕、脚腕，防止扭伤拉伤。

音乐游戏建议

寻找一些儿童歌曲，和孩子一起歌唱，你会发现他非常非常喜爱这项活动。

和孩子一起歌唱时，向他展示如何随着音乐摆动身体。

在唱歌的过程中尝试使用一些简单的乐器。

尝试使用不同方式唱歌。稍微变化音调或节奏，或在歌曲结尾处加入一些新词。还可以将孩子、家人、朋友或宠物的名字加入原先熟悉的歌曲之中，并鼓励孩子也这样做。

和孩子欣赏音乐时，向他展示如何使用身体动作来表达自己的感受。

不要认为宝宝只能欣赏儿童歌曲，莫扎特的钢琴奏鸣曲和钢琴协奏曲、海顿的交响乐、舒伯特的声乐套曲，还有德彪西的钢琴作品，等等，都是可以熏陶孩子的经典作品。

绘画游戏建议

绘画能让孩子感到创造的乐趣，尽量创造条件让孩子去涂抹，至少做到不限制。

给孩子提供大幅的纸张、色彩鲜艳的颜料，套上反穿衣开始作画。

按压、拖曳、拍打动作本身，以及鲜明的色彩，就能给孩子带来很大的乐趣。

用心欣赏孩子的画作，真心赞美。

不要纠结于像或者不像，让孩子自己描述画作，父母可以用笔记录在空白处，让孩子充分感受到创造的价值。

购买一些构图比较简单的绘本，或者用手指画图的绘本，帮助孩子收集作画的创意。

适时介入，可以示范一些新技法，如点按后拖曳表现太阳的光芒；或帮孩子添画一些细节，让人物更生动完整，但切忌喧宾夺主。

除颜料和色盘以外，也需投放水、画笔、海绵，让孩子感受不同工具带来的变化。

把孩子的部分作品悬挂起来，激发孩子的进一步创造乐趣。

4. 玩具的收纳与整理

现代家庭中，孩子往往拥有许多玩具，玩完后一地狼藉，让收拾的爸爸妈妈倍感压力。其实，整理玩具对于这个年龄的孩子来说，并不是一件特别困难的事情，而且非常值得去坚持，因为玩耍与整理过程对应着权利与义务的关系。孩子可能并不理解，但父母应给他机会去体会。

整理玩具也是一个很好的学习契机，可以帮助孩子了解、思考自己有多少玩具，经常玩哪一些，哪一些有缺损，怎样分类，如何摆放更易取拿，哪些玩具之间可以建立联系，等等。比如，把积木放在蓝色的盒子里，拼图放入绿色的盒子，既是督促孩子自己的事情自己做，也是一个动脑筋对物品进行分类的学习现场。

玩具收纳的建议

在春节或过生日的时候，孩子往往会收到很多玩具，父母可不购买新玩具，并在可能的情况下给亲友建议为孩子选择什么玩具。

新玩具比较多时，可以将一部分收纳起来，过一段时间再拆封。

孩子专注于新玩具时，可以将他较长时间不玩的旧玩具整理装袋，一段时间后取出投放，能再次激发孩子的探索兴趣。

关注孩子使用玩具的情况，分析孩子的成长变化，适时按需收放玩具。

尝试与孩子商量，把部分不玩的玩具转送他人，体会分享的快乐。如果孩子不同意，则不必勉强。

教会孩子有礼貌地拒绝："不用啦，这种玩具我家里已经有了。"

玩具整理的建议

准备好专门摆放玩具的地方，开放式玩具架是不错的选择。

刚对孩子提出自己整理玩具的要求时，可进行示范，并说明方法。

坚持每天陪孩子一起收拾玩具，让孩子形成习惯。

创设情景，增加收拾玩具的趣味性与必要性，如送玩具宝宝回家、送玩具宝宝上火车等。

在孩子收拾好玩具后，不要吝惜你的表扬。

定期与孩子一起检查玩具的损坏与使用情况，及时修补。

创编一些关于家里玩具的故事，在故事中它们会对孩子的收拾、照顾、修补行为表示感谢。

不要在睡觉前才开始收拾玩具，此时孩子往往已经非常疲劳，难以完成任务。

如果孩子没有收好玩具，可产生一些"自然后果"。比如，"你昨天没有送洋娃娃回家睡觉，她睡在地板上感冒了，所以今天不能陪你玩了"。

回顾与思考

1. 你陪孩子玩过水、沙、泥吗？有哪些好的玩法呢？

2. 请你利用家里的生活物品创编 3 个游戏，和孩子一起玩。

3. 家里孩子的玩具都有哪些？分别属于哪些种类？

4. 怎样帮助孩子开展绘画游戏？

5. 如何收纳玩具？怎样培养孩子整理玩具的习惯？

9

2—3 岁儿童的日常护理

1. 吃饭问题及饮食习惯培养

孩子的饮食状况是很多父母焦虑的重灾区。妈妈们聚集在一起，就是讨论宝宝的吃喝拉撒。比较之后，总有妈妈觉得自己孩子吃得不够多，长得不够快，由此产生内疚感："今天晚上，今天晚上我一定要好好喂他！"

吃多吃少孩子说了算

实际上，1 岁左右的孩子就可以独立进餐。父母应控制孩子每次进食的种类，而由孩子自己去控制每次具体的进食量。

儿童的成长并不是线性的，而是存在着波峰波谷，波峰也是所谓的猛长期。在猛长期内，孩子往往会食欲旺盛。因此，应让孩子根据自己的真实感受有效调控进食数量。

父母应了解：即使进食正常的孩子，每次进食也可能有 20% 的偏差，每天进食可能有 40% 的偏差。孩子间的个体差异更大，父母不能以其他孩子的进食状况作为自己孩子的进食标准，而从其他渠道获得的相关信息，也只能做一个参考。

吃饱吃好的观察指标

那怎么知道孩子吃没吃饱，吃没吃好呢？你可以注意观察以下几个指标：

进食过程是否顺利。这个年龄段孩子的正常进食时间应在 20 分钟左右，不应该超过 30 分钟。其中应较少存在拖拉、磨蹭、挑食的现象。

进食后是否有饱腹感。观察孩子再次要吃东西的间隔时间，如果在半小时以内，说明没有吃饱，因为儿童的胃排空一般在进餐后 1 小时左右，较成人更快一些。

大便是否正常。如果孩子大便中有原始食物颗粒，下次可注意切小食材，或者进餐时提醒孩子咀嚼；如果孩子粪便偏绿，排除食物色素的原因后，要考虑消化不良或者腹部受凉；如果孩子大便颗粒较小，质硬，量小，且 3~4 天排一次，应考虑增加蔬菜水果的数量，或者孩子的确每餐吃得太少，需要增加食物数量。

生长是否正常。孩子身高、体重、头围等的发展是否在正常值范围之内。

对孩子的饮食，父母应把握好一个原则：种类要丰富，吃多不限制，吃少不强制。如果孩子的确长期存在食欲不振，进食量较少的情况，应及时就医，检查是否存在幽门螺杆菌感染或者消化道炎症等问题。

养成良好的饮食习惯

总体来说，要孩子吃好吃饱，父母更应关注孩子的饮食习惯，而非进食数量。

饭前饭后用洁净的流水洗手，在环境允许的条件下尽量不使用湿纸巾。

每餐后喝一两口白开水或者漱口。

选择自己喜欢的餐具，独立进餐，保持愉悦的心情。父母不在进餐时催促、训斥、要挟孩子。

专心用餐，用餐过程中不进行与进餐无关的事务，如看电视、看书或者玩玩具。

接触尽可能多的食物类型，不偏食、不挑食。若孩子不太接受某些食物，父母可采用切小、美化形状、引入故事情境等方法，不断让他尝试。如果孩子表示不喜欢后不强迫他吃，可过2~3周后再尝试添加。

坚决拒绝垃圾食品。父母应从家庭购物清单上坚决删除腌腊制品、罐装饮料、油炸快餐、果冻等垃圾食品。

适时进食健康零食。儿童胃容量小，排空快。父母应在两餐之间给予孩子一些点心，包括水果、奶酪、水煮蛋、酸奶、坚果、粗粮等。量不可太多，以防影响孩子下一餐的胃口。

尝试粗硬食物。以水果为例，无论是榨成汁还是打成泥，都不如直接吃来得健康和营养。父母可以在主食中适当加入玉米等粗粮，让孩子多啃啃，多嚼嚼，还要让孩子多吃芹菜、韭菜等富含粗纤维的食物。

2. 呼吸系统过敏及预防

孩子长到 2 岁，爸爸妈妈对孩子的感冒发热已经略有经验，不再惊慌失措，出现半夜飞奔医院的情况了。有的父母，甚至在宝宝出现此类症状之后，并不就医，只是自行让孩子服用一些感冒药物。但是，如果一周甚至两周之后，孩子的情况并未出现缓解，或者反复出现流鼻涕、咳嗽等情况，那爸爸妈妈就要考虑孩子是否出现了过敏的情况。

过敏体质早有征兆

儿童过敏性疾病如特应性皮炎、过敏性鼻炎、哮喘，并非各自独立存在，婴儿或儿童早期出现的某种变态反应症状常预示未来其他过敏性疾病的发生，这种现象被称为过敏性疾病的自然进程，亦称"过敏进行曲"。

一般来说，2 岁左右是幼儿过敏症状表现的一个分水岭。2 岁前的过敏症状经常出现在皮肤上，最常见的就是湿疹，也会出现在消化系统方面，如呕吐、拒奶、腹泻等胃肠道反应，甚至有粪便隐血的情况。2 岁后，过敏症状更多出现在呼吸系统，最常见的就是过敏性鼻炎，表现为鼻痒、打喷嚏、鼻塞、流鼻涕、咳嗽，甚至迁移发展成过敏性鼻结膜炎乃至哮喘。

如何辨别感冒与过敏

总体来看，若是流鼻涕、咳嗽症状特别容易出现于早上、凌晨等气温较低的时段；到了烈日当中的午后，天气变得暖和，症状就消失；进入夜晚，又有症状出现，症状具有时间周期性，孩子可能过敏的概率极高。

实际上，从单一症状确实不容易区分孩子是感冒还是过敏，因为这两种疾病都会产生鼻塞、流鼻涕、咳嗽等症状，而且感冒与过敏两者常会一起发生。因此，当孩子出现症状长时间未愈，应送医就诊，由医生判断其病因后对症下药。

小贴士

父母仅凭以往经验给药是对孩子的不负责。因为，不正确使用抗生素容易使孩子产生抗药性，而抗过敏药物只能暂时缓解症状，治疗初期效果亮眼，但药物效果逐渐会越来越差。近期市面上流行的喷鼻剂，往往内含激素或者令血管收缩的成分，长期使用会产生依赖，甚至转化为药物性鼻炎。因此，相关治疗必须依靠专业人员建立在对儿童血象指标的分析之上。

注意避免过敏诱因

为了给孩子一个安全的呼吸环境，避免刺激孩子脆弱的呼吸系统，父母应注意避免以下几种情况对孩子的影响。

"二手烟""三手烟"

家中的烟民所带来的"二手烟""三手烟"，对儿童的呼吸道具有很大的潜在危害。对敏感体质儿童来说，长久吸入会导致各种症状，甚至哮喘。"烟爸"胡子上有烟草残留物，他的毛衣、皮肤等处也都有，若他亲吻孩子、抱孩子，这些"三手烟"也会对孩子产生危害。

香水、芳香剂

香水、芳香剂的化学成分对孩子皮肤、肺的危害尤为显著。据统计，仅在美国，高达 75%（大约 900 万病人）的哮喘病例是由香水诱发的，其中幼儿人数所占的比例极高。

毛绒玩具

孩子喜爱毛绒玩具，接触时间长，反复把玩，难免将口水、饭菜、汤汁等沾染到玩具上，极易滋生细菌，且消毒相对困难。孩子长时间接触此类玩具，易引发哮喘。

海鲜

很多父母为了让孩子吃得更有滋味更有营养，喜欢给孩子吃大量海味产品，如干蚝、虾仁、蟹肉、花胶、鱼翅等。虽然这些食物价值高，但由于其富含动物和植物蛋白，过敏体质的孩子接触这些易引发哮喘。

宠物皮毛屑、室内地毯

近50%的儿童对宠物的皮屑、唾液和尿液过敏，宠物也有可能把沾在皮毛上的花粉或霉菌带入室内。另外，棉花纤维、羊毛地毯等也容易引起哮喘发作。

长期不清洗的空调

家中添了宝宝之后，空调的使用率大幅度上升。在使用过程中，空调的过滤网积聚了不少灰尘、螨虫、霉菌等，未清洗就使用，容易引发过敏性鼻炎、哮喘。看到孩子打喷嚏、咳嗽时，父母常常以为孩子是被空调吹冻着了，其实是这些细菌、霉菌在捣蛋。很多空调用一般的方式难以清洗到位，有条件可聘请专业清洗人员。

小区中的花、树

为了让孩子呼吸新鲜空气，父母经常带着孩子在小区花园里散步，但美丽的植物有可能隐藏着无形"杀手"，尤其是在花粉飞扬的季节，孩子更易过敏。如果父母发现孩子有异样，就要迅速远离。

3. 痱子的预防与护理

痱子，起自毛囊，是界限清晰的小粒状红色皮疹，严重者小粒皮疹内还会出现乳白色脓液。

孩子的皮肤娇嫩，汗腺发育和通过汗液蒸发调解体温的功能较成年人差，汗液不易排出和蒸发，所以容易长痱子。随着孩子年龄的增长，外部活动增多，活动量加大，自主抓挠行为变多，使痱子的处理也产生了大量的新问题。

如何避免痱子的产生

除注意将孩子置于凉爽通风的地方外，因痱子起于汗液难以排出，所以最好的预防方法还是勤给孩子洗澡。在孩子大汗淋漓之后，及时为他洗澡换衣。对于比较胖的孩子，更应注意清洗皮肤褶皱处，避免汗液及其中滋生的细菌对孩子皮肤造成刺激。

如不具备洗澡的条件，则至少应使用纱布将汗液擦去，尤其要注意痱子的高发部位，如颈肩部、后背等，并换掉粘在身上的衣服。

提倡给孩子穿上轻薄、柔软、宽大的棉质衣服，因为打赤膊虽

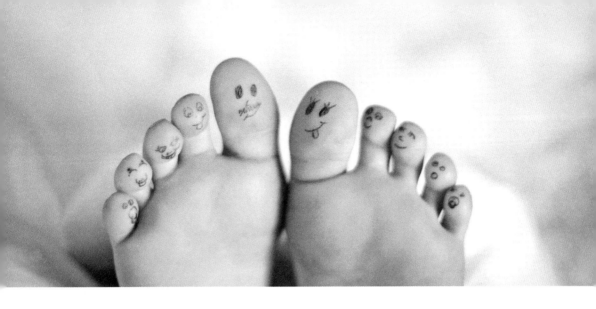

然更利于散热，但不能有效吸收汗液，汗液滞留在皮肤上易引发痱子。

在暑天，大人应尽量少抱着孩子，因为皮肤接触处特别容易出汗，而大人的汗液更容易刺激孩子的皮肤。

孩子睡眠时，需要父母适时帮助翻身。因为孩子身体与床接触的部位不易散热散湿，大量出汗也不易于被成人发觉，比如背部、颈部褶处，常常睡个午觉就长出大量痱子。

痱子护理注意事项

孩子长痱子之后，应使用温热的清水清洗皮肤。因为皮肤本身会分泌一层油脂来保护自己，如果使用沐浴液，油脂层会被洗掉，使得皮肤裸露在空气中，直接接触各种各样的刺激物，更容易加重痱子。冷水洗澡，虽然开始皮肤感觉非常凉爽舒服，但会引起毛孔收缩，不利于汗腺分泌通畅。切不可用热水及肥皂烫洗，因为局部皮温增高，炎症会加重，使痱子很快转变为皮炎；由于肥皂刺激，可使皮肤在潮红肿胀的基础上破皮流水，或感染化脓。

要勤洗手，剪短指甲。孩子搔抓会加重皮肤炎症反应，导致痱子加重。父母应帮助孩子理解抓挠之后产生的问题，采用多种方法转移其注意力。

如果痱子使皮肤出现破损，甚至有渗水的情况，就绝对不能使用护肤品。

若痱子症状严重，如深痱，甚至可能引起头疼、头晕、发热等症状，应及时就医。

避免民间偏方中提到的对于皮肤的反复搓揉。

小贴士　强烈建议父母停止使用痱子粉！

美国儿科学会等权威组织并不提倡婴幼儿常规使用爽身粉、痱子粉。因为频繁使用可能导致的问题有：

呼吸道问题。婴儿呼吸道发育尚不完善，要尽量减少吸入粉尘，否则容易诱发呼吸道感染，还有可能诱发过敏性哮喘等疾病。

刺激皮肤。婴幼儿新陈代谢很快，容易出汗，尿尿也多，出汗之后，爽身粉颗粒难免在皮肤表面产生摩擦，反而对皮肤造成刺激。

滋生细菌。有的父母为避免石棉成分的致癌可能，改用玉米粉基底的爽身粉。但此类的爽身粉受潮后还是会成为细菌滋生的温床，甚至诱发或加重痱子、尿布疹等皮肤病。

如实在需要使用祛痱产品，应尽量采用医生处方或痱子水。

4. 孩子踢被的原因及应对

踢被子是儿童睡眠非常常见，也是令父母头疼的问题之一。在儿童运动能力刚刚具备时，踢被子就已经出现，直至2—3岁，愈演愈烈。爸妈在晚上醒来，发现孩子可能在任何地方，床尾、枕头上、被子上、父母身上……就是不在被子里面。即使父母整晚进行不屈不挠的斗争，也往往在黎明睡意最沉重的时候败下阵来。连续几晚、几月乃至几年，苦不堪言。宝宝，我们就不能好好睡觉吗？

孩子怕热要少盖

宝宝踢被子，最直接的原因是——他觉得热。因为孩子的新陈代谢快，平时又总在活动，因此他的产热比成人多。许多父母知道孩子白天应该比成人少穿一些，却因为不放心，晚上总给孩子盖得太多。其实，孩子夜间睡眠时的覆盖物也不应该比成人多，或者应该少一些。如果给孩子盖得过多，他睡觉时就容易出汗，踢被子后更容易着凉，不如少盖一些好。"若要小儿安，常带三分饥和寒"，说的也是这个道理。

如果孩子与大人同睡，其间不断对大人"拳打脚踢"，或睡在离大人较远的地方，如墙边、床尾或更通风的地方，就可以确定是给孩子盖得太多，或和孩子贴得太近了。因为与大人同睡，或者夹在两个大人之间，大人释放的热量会让孩子觉得更热。即使在睡眠中，孩子也会不断逃离，出现"满床游击"的情况，逃无可逃时还会发生坠床的情况。

因此，不能简单地认为大人盖多少孩子就该盖多少，应不断尝试，看看给孩子盖多少为宜。不要担心孩子睡着了不知道冷热，实际上，1岁多的孩子也会在感觉稍凉时卷进毯子或重新钻进被子，又或者贴近大人取暖。

神经发育不完善，可用睡袋

如果孩子盖得不多还不断发生踢被子的情况，也可能因为孩子年幼，神经系统还没有发育完全，很多时候并不能很好地抑制住大脑的兴奋。这时，可以适当选择睡袋、被夹等产品，确保孩子晚间睡眠的温度。

但是，孩子与大人不同，在刚睡着半小时至一小时内会出汗，特别是在头部和背部，睡袋等产品最好在出汗停止之后使用。

找准原因，解决肠胃不适

也有孩子的睡觉多动与肠胃不适有关，包括消化不良、食物不耐受或过敏、便秘等，个别儿童睡眠不安还与肠道寄生虫有关。这需要父母仔细观察孩子的表现和症状，找到原因，从而"对症下药"。

呼吸道问题要及时就医

若孩子睡眠不安稳，父母还要注意观察其是否有打鼾，或张嘴睡觉的情况。如果孩子上呼吸道不畅通，也会出现睡觉翻来覆去的情况。一般来说，当孩子鼻塞（鼻黏膜水肿、分泌物过多）、腺样体肥厚、扁桃体肿大时，会出现这样的情况。如果发现存在这样的问题，应尽早带孩子去耳鼻喉科就诊，以免慢性缺氧影响孩子的生长发育。

5. 常见意外伤害处理

孩子年龄增长，活动范围增大，活动能力增强，总免不了遇到一些小意外。父母应事先了解其处理方式与注意事项，做到有备无患。

异物入体

眼内异物

幼儿眼异物最为多见的是小沙粒、小飞虫等。异物入眼后，可粘在睑结膜的表面，进入睑结膜囊内，也有的嵌在角膜上。

针对不同的情况，应采用不同的方法。具体做法是：让幼儿轻轻闭上眼睛，切不可揉搓眼睛，以免损伤角膜。父母清洁双手后，方可为幼儿处理。异物粘在睑结膜表面时，可用干净柔软的手绢或棉签，轻轻拭去；若嵌入睑结膜囊内，则需要翻开眼皮方能拭去。

气管异物

幼儿口含食物或小物件哭闹、嬉笑时，最易发生异物进入气管。幼儿气管有异物时，会出现呛咳、吸气性呼吸困难、憋气、面色青紫等现象，此时情况紧急，应立即加以处理。

若发生在年龄较小的幼儿身上，可将其倒提起来，拍背。若发生在年龄较大的幼儿身上，可让其趴卧在大人腿上，头部向下倾斜，大人轻拍其后背，或大人站在幼儿身后，用两手紧抱幼儿腹部，迅速有力地向上勒挤。如果仍不能取出，应立即送往医院处理。

外耳道异物

外耳道异物一般分为两种：一种是非生物异物，如幼儿玩耍时塞入的小石块、纽扣、豆类等；另一种是生物异物，如小昆虫等。

幼儿外耳道进入非生物异物时，可用倾斜头、单腿跳跃的动作，使物品掉出或跳出。若无效，应上医院处理。切不可用小棍捅、用镊子夹，否则易损伤幼儿外耳道及鼓膜。

若外耳道异物为小昆虫，可用强光接近幼儿的外耳道，或吹入香烟的烟雾将小虫引出来。若不见效，也应立即上医院。

咽部异物

咽部异物以鱼刺、骨头渣、瓜子壳、枣核等较为多见。咽部异物最好用镊子取出，切不可采用大口吞饭的方法，否则会使异物越扎越深，出现危险。若无法取出，应立即上医院处理。

鼻腔异物

幼儿出于好奇，常把豆子、小珠子、纽扣、橡皮等较小的物品塞入鼻中。这不仅会影响呼吸，还会引起鼻腔炎症，甚至引起气管异物。因此父母应仔细观察，及时取出异物。

具体的做法是：让孩子深吸一口气，用手堵住无异物的一侧鼻子，再用力擤鼻，异物即可排除。若异物未取出，应马上去医院处理，切不可擅自用镊子夹取圆形异物，否则会将异物捅向鼻子深处，甚至落入气管，危及生命。

头部摔伤

孩子平衡能力弱，头部沉重，磕磕碰碰常撞到头部。这时父母应注意：若有出血，马上用一块清洁的纱布按压伤口，以达到止血的目的，并及时送医。

若没有出血，要对孩子进行 24 小时的密切观察。如果出现以下症状应及时送医：受伤后有恶心、呕吐的现象；受伤后有过意识丧失的现象，或正处于意识丧失的状态；头部剧烈疼痛；眼、耳、鼻周围有出血症状；有抽风、麻痹、言语障碍等症状。

烫伤

一碗热粥，一杯热茶，都可能是定时炸弹。如果孩子是轻度烫伤，只是皮肤红肿，没有出现起泡破皮等症状，父母第一时间的处理方式就是用冷水局部冲洗，可起到降温去痛的效果。如果起水泡破皮，问题较严重就不能用冷水冲洗，更不能用纱布衣物包裹，怕黏附在一起，导致二次伤害。如果伤口上面有衣服，应该用剪刀轻轻剪开，查看伤情，问题严重要马上送医院处理。

鼻出血

发生鼻出血时，紧张或大哭、用力揉擦鼻子等均会加重出血，应立即将幼儿抱起取半卧位，大龄儿童可采取直立式直坐位，但不要低头或者后仰。弄清楚是哪侧鼻子出血，把消毒棉球塞进出血侧鼻腔口，再用手捏紧两侧鼻翼，让幼儿用口呼吸，数分钟即可止血。另外，用冷水毛巾或包了冰块的毛巾放在前额部，双脚浸入热水中，都有利于止血。

用上述方法处理仍不止血，应立即去医院检查是否是全身性疾病。如每次出血量不多，但经常发生鼻出血，则应在出血时或出血后立即去医院检查。

出血后数小时或数日内，鼻黏膜尚未愈合，要避免剧烈运动和挖鼻。

挤伤

孩子的手指受伤是比较疼痛的，首先要分散注意力，让孩子尽快地安静下来。曲动孩子的手指，看看是不是能弯曲，是不是伤到骨头了，这样可以排除骨折的可能性。

不要揉按孩子的伤处，可能会加重伤情，可以用冷水或者冰块敷一下伤处。如果肌肉中有瘀血滞留，之后两三天要继续冷敷，3天后可以换成热敷来促进瘀血的吸收。如果有出血性伤口，要用凉开水清洁，之后用酒精消毒，贴上创可贴。

遇到孩子哭闹特别厉害，或者伤口附近有紫色瘀血，或者伤处肿胀严重，那么可能孩子受伤比较严重，最好还是送到医院让医生检查诊治。

回顾与思考

1. 你会担心孩子的吃饭问题吗？如何对待孩子的饮食？
2. 引起孩子呼吸系统过敏的诱因有哪些？
3. 怎样预防孩子长痱子？
4. 如何解决孩子踢被子的问题？
5. 孩子常见的意外伤害及处理方式有哪些？

10

第 十 章

你问我答

1. 孩子多大可以开始训练上厕所？

我们平时带孩子都比较随意，也没有刻意要求孩子做到什么。但是，最近和孩子在小区玩耍时，总有人凑过来问："你们家孩子2岁多了吧？还在用尿不湿啊？这么大了，要训练他自己上厕所了！"其实这个问题我们不是没有考虑过，只是孩子不愿意，只好作罢。

在对儿童的保育上，没有什么问题比训练孩子上厕所更能够引起父母的焦虑了。关于何时进行如厕训练，并没有统一的时间表，主要取决于孩子膀胱和肠的控制能力。一些一岁半到2岁的孩子已经表现出了较好的如厕训练的迹象，有些孩子要到两岁半才能做好准备。

做好准备的迹象包括：一天中至少有两个小时保持裤子干燥或者午睡后醒来没有尿湿；规律的、可预见性的肠蠕动；通过面部表情或者言语表明要撒尿或者拉便便；能够听从简单的指令；能够去往厕所并独自脱裤子；对弄脏的尿布感到不舒服；要求使用便器或便壶；有穿内衣的愿望。如果孩子对如厕训练表现出强烈的抗议，那么如厕训练也应该延迟。

当孩子具备以上这些条件后，父母就可以训练孩子排便了：

◎摆脱尿布。夏天的时候，可以让孩子摆脱尿布的束缚，使他排尿更加方便。让他慢慢理解，你对他去厕所"嘘嘘"的要求。

◎及时表扬孩子。孩子在初学自主排便时，往往弄得满地都是。

父母应当及时肯定他的努力，表扬孩子。尽量不要既表扬孩子，又说他弄得很脏、很恶心，会让孩子不知所措。

◎熟悉便盆。在家里的厕所里放一个便盆，这样可以在孩子心中建立便盆和上厕所之间的某种联系。在每天晚上洗澡的时候，可以让孩子坐上去，一开始不一定坐上去排便，先让孩子熟悉这个"玩具"。

◎使用便盆。很多孩子在家里喜欢黏父母，甚至上厕所都跟着爸爸妈妈。在你上厕所时，不妨也让孩子坐在旁边的小便盆上，孩子在无形中会模仿父母的行为，久而久之会慢慢习惯使用这个排便"利器"了。

◎不过分强调成功和失败。孩子很小，控制能力、坚持性都很差，可能在用了一段时间后又不喜欢了，或者经常搞得很脏。父母应当有耐心，让孩子慢慢习惯就好。

2. 不给买玩具，孩子就大哭大闹，怎么办？

妈妈和小宝一起逛超市，小宝看上了一款他特别喜欢的遥控汽车，要妈妈给他买，但是妈妈觉得家里已经有很多玩具汽车了，就坚决不给小宝买。这时，小宝的情绪就像河水决堤一样一发不可收拾，在超市里大哭大叫，甚至躺在地上打滚，引来很多人围观。妈妈觉得自己的面子丢光了，连忙拉起小宝去买他看中的遥控汽车。

很多2—3岁的孩子较难控制自己的不良情绪，尤其是在父母面前，往往会把他们的"刁蛮""任性""蛮不讲理"发挥到淋漓尽致，搞得父母焦头烂额。父母要明了，2—3岁的孩子还不能从他人的角度来思考问题，而"家里"和"外面"的不同、"面子"的含义等，他都还不知晓，更难顾及。

其实，父母教育孩子，大可不必因为面子而妥协，这在无形中强化了孩子不好的行为习惯。父母应当下定决心，当孩子出现情绪特别不稳定的时候，让他单独冷静一会儿，在一个隐蔽的地方观察他，待孩子情绪稍稳定后再出现，给孩子讲道理，让孩子知道在超市中适宜的行为是怎么样的。但对一些孩子，父母的消失可能使他的情绪愈演愈烈。这时，父母也可使用其他方法，比如，可以把孩子抱起来，安抚他不良的情绪，或者蹲下来，把孩子拉到面前，温和而坚定地告诉他："不可以，家里已经有很多了。你这样做，妈妈很生气！"

看到孩子哭闹，有的父母可能会忍不住打骂孩子。看似打骂效果立竿见影，但是这只是表面现象，而且还有很多意料不到的副作用。因为惩罚可以使消极行为转为"私密"的行为。例如，在惩罚之后，和你一起去超市时，孩子不会各种耍赖吵着要买玩具了，但是和爷爷奶奶一起去时，他会要求买很多。从表面上看，惩罚似乎阻止了不良行为，但只是让孩子学会了"两面三刀"。

父母要有充分的心理准备，这不是通过一次教育过程就能够解决的，这需要一个过程。2—3岁孩子的认知能力不强，自我控制能力也比较弱，你需要通过各种方式来帮助孩子改善行为。

162

3. 2岁多的孩子可以使用电动牙刷吗？

浩浩刚开始学会刷牙的时候，每天早晚都能主动刷牙，刷完牙还让爸爸妈妈检查刷得干不干净。但是过了一段时间，浩浩就没了刷牙的兴致，一到刷牙时间就找各种借口，磨磨蹭蹭不肯刷牙。有朋友建议爸爸妈妈给浩浩买电动牙刷，说电动牙刷有动画，可以吸引浩浩坚持刷牙，也刷得更干净。这么大的孩子可以用电动牙刷吗？

由于2—3岁孩子手的精细动作能力有限，自己刷牙刷不干净，很多父母为了方便，给孩子使用电动牙刷。

但是对于年龄小的孩子，父母需要谨慎选择，儿科医生不建议2—3岁的孩子使用电动牙刷。

首先，电动牙刷其实并不是很方便，对孩子来说操作比较麻烦，如若使用不当，并不能达到有效清洁的效果，反而会损害孩子的牙龈。

其次，电动牙刷的刷头普遍偏大，并不太适合孩子的口腔。

最后，孩子的牙齿刚刚长齐，还比较稚嫩，不能够承受电动牙刷的旋转力。

因此，建议父母给孩子选择软毛的、适合他口腔大小的牙刷。孩子初学刷牙时，父母可以做正确的示范，然后让孩子对着镜子刷。正确的刷牙方法是"竖刷法"，上牙从上往下刷，下牙从下往上刷，牙齿的咬合面来回刷。每次刷2~3分钟为宜，早晚各刷一次。刚开始学刷牙，孩子可能会刷不干净，父母可以在孩子刷完之后再补刷一次。一旦孩子开始刷牙，父母可以通过绘本、游戏等方法引导孩子坚持下去。

4. 孩子经常抠耳朵，会不会是得了中耳炎？

有的孩子常有抠耳朵、拍头等动作，有的孩子并未被观察到这样的动作，但是观察其耳朵，常有抓痕乃至血痂。这让细心的妈妈非常担心："我家宝宝是不是洗澡时耳朵进水了？发展成中耳炎可不得了啊！""我家宝宝是不是耳屎积得太多，需要掏一掏吗？"

中耳炎的症状非常明显，常常伴随着发热、耳内有渗出物、耳胀痛等情况，比较容易辨别。若不是出现在感冒之后，单纯地抓挠耳朵很难判别为耳朵发炎。

一般来说，孩子抓挠耳朵常由于两侧内耳发育不平衡所导致，这让孩子感到轻微不适，同时也导致了部分孩子容易晕车、怕坐秋千等问题。但不要紧，这种情况会随着孩子的生长发育得到缓解，基本3岁之后就不再出现。若孩子显得很烦躁，父母可以帮助他揉揉外耳，这会让他感觉舒服很多。

幼儿的耳道非常细，进水的可能性并不大。如果的确怀疑孩子耳朵进水，可以在他的耳郭内放上松软的棉球，5分钟后取出，这样可以将耳道里的水吸出来。但不建议使用棉签，医生认为棉签往往会把水引到耳道的深部，反而引起感染。

即使是的确存在耳垢，也不建议使用棉签。因为用棉签掏耳朵常让孩子感到疼痛，采取逃避等行为，容易引发危险；另一些孩子则觉得这个感觉很奇妙，尝试在父母不注意时自己使用棉签，这是非常危险的。随着孩子的咀嚼行为，部分耳垢可以脱落排除，不需要特别地清洁，而清洁会造成皮肤损伤，还易造成外耳道湿疹等问题。

的确有部分孩子出现了非常硬的耳垢，甚至耳垢太大了，影响到了孩子的听力。但这不是不掏耳垢导致的，而是和存留的少量羊水，或者中耳炎有关系。遇到这一情况，更需前往医院寻求专业的帮助，强行将其取出会让孩子感到极大的疼痛。

5. 孩子看到别人的玩具就去抢，怎么办？

最近我都不敢带孩子出去玩了，因为附近的家长和小朋友几乎都知道，我们家的孩子喜欢抢别人的玩具。其实，看到孩子抢别人的玩具，我比谁都着急，但是没有办法，打手啊，讲道理啊，统统不管用。现在，真不知道该怎么办了。

可以使用暂停法，让孩子在一个单调、乏味的地方待几分钟。

暂停意味着一段远离人群、远离玩乐的时间，同时也意味着远离任何有趣事物的时间。对于较小的孩子来说，这更多起到一个平息情绪的作用；对于大一点儿的孩子来说，这是给予他一个机会来反思事情的整个过程，自我评价刚才的行为。

使用暂停法要注意几点。首先，要选择合适的场地。实施暂停的场所必须枯燥乏味。其次，需要暂停的时间取决于三个要素。一是孩子的年龄。对于2—3岁的孩子，1~2分钟的暂停时间就绰绰有余了；3—5岁的孩子，2~3分钟便已足够。二是不守规矩的严重程度。根据严重程度，可以延长暂停的时间。三是孩子的合作态度。如果孩子不肯合作，除了延长暂停时间外，还要告诉他等他安静下来再计时，他发脾气的时间、吼叫的时间，都不计算在内。

在使用暂停法使孩子平静下来之后，就需要和孩子一起来认识问题，改正行为。如果环境不允许使用暂停法，你可以握住孩子的双手，与他目光直视地进行交流。

（1）解释原因，强调感受。在孩子平静下来以后，向他解释禁止的原因。可以这样说："不可以抢别人的玩具，那不是你的东西。抢别人的玩具可能会抓伤、碰伤小朋友，你自己也可能会受伤。"并谈一谈他人的感受，比如"欢欢被你抢走玩具以后很伤心，你看她马上要哭了"；或者谈一谈你的感受，比如"我们不是在家里说好不这样吗？你这样做妈妈真没想到"，如果孩子比较容易产生内疚、羞愧的情绪，则不应轻易这样说。

（2）给出选择。父母不仅仅要孩子了解规则背后的原因，还需要让他执行这些规则，他才会对规则有更深入的理解。比如，要想玩别人的玩具，就要用自己的玩具去交换；不想交换玩具，就只能玩自己的玩具。对于两岁半以后的儿童来说，大人能让他进行选择本身就非常重要——因为这个行为彰显了他对自己行为的主权，代表了大人对他人格的尊重。另外，当他面临多种选择时，就得到了锻炼的机会，将来才可能成为很好的决策者。

6. 孩子老是说害怕，怎么办?

在以前，嘟嘟的字典里从来没有"害怕"两个字，即使是黑乎乎什么都看不见的地方，他都毫不犹豫地直接冲过去。可是现在，嘟嘟居然开始害怕了，爸爸妈妈陪着他，他都不敢往稍微暗一点儿的地方走。真不知道是怎么回事!

孩子害怕的事物增多，是认知能力发展的一个表现，父母不必过于担心或烦恼。2—3岁的儿童会对原来不怕的东西也感到恐惧，常见的有怕黑、怕怪兽、怕虫子、怕水……

恐惧，在一定程度上保障了儿童的安全。但是，如果孩子对某些事物过度恐惧，甚至影响了正常的社交、日常生活，乃至长时间对情绪造成负面影响，则父母需要使用以下的一些策略。

（1）接纳孩子的恐惧情绪

接受孩子的恐惧。接纳孩子的情绪，不要简单地加以否定："这有什么好怕的！"这非常重要。也不能因为觉得恐惧物不值得一提，就强迫孩子去做他害怕的事情。除了语言上接受以外，拥抱、抚摸等行为也是对儿童情绪的一种接受。

鼓励孩子谈一谈。可描述的恐惧比不可描述的恐惧更容易克服。如孩子还小，不能准确地加以表达，父母可以代替他用语言来进行描述，这也会让孩子感到极大的安慰。

不要拿恐惧物取笑孩子。反复出现恐惧物不能消除孩子的恐惧，因为年幼的孩子无法理解幽默或反讽，反而暗示孩子这的确是可怕的，并且在一定程度上增加他的焦虑情绪，并伤害孩子的自尊。

（2）帮助缓解孩子的恐惧情绪

把孩子的恐惧物编进故事里面去，结果是这个角色被赶跑了或者它和孩子成了好朋友。孩子非常喜欢听这样的故事。逐渐给这个角色赋予人性的特质，让孩子觉得它可理解，可接近。若孩子愿意，这样的故事也可以让他自己来讲——即使他讲的非常短，这也非常有用。这是帮助孩子减轻恐惧的有效策略。

给一些东西赋予"神奇的力量"，告诉孩子它们可以赶走恐惧物，比如魔力勋章、魔力手环。

玩一些游戏，让恐惧物进入其中。比如，玩角色游戏时，直接让孩子扮演他的恐惧物，这往往让他感觉自己非常有力量。

（3）不要增加孩子的恐惧情绪

不要把无意义的恐惧情绪传达给孩子！幼儿的学习更多根据模仿进行，对大人的情绪非常敏感。很多时候，他们在 2 岁前并没恐惧某些东西，比如狗、蜘蛛或者某些昆虫，他们的恐惧直接学习自大人的大喊大叫。

不要吓唬孩子。大人总有意无意地创造一些让孩子害怕的东西，比如"你再不吃饭，老虎就会把你吃掉""晚上不要出去，黑暗里躲着很多怪兽"，有时是为了控制孩子的行为，有时仅仅是为了无聊的逗乐目的。对于敏感的孩子，这些恐惧物会困扰他很长的一段时间，甚至持续在他的想象中发酵，发展成非常可怕的意象。

7. 孩子喜欢看电视，怎么办?

孩子2岁多了，居然喜欢上了看电视。只要打开电视机，他的小眼睛就会盯着电视，一动也不动，想不到电视对孩子有这么大的吸引力。

电视呈现的是对世界非真实的观点，比如戏剧化、不真实的冲突，比如问题总是能够解决的。而年幼的儿童判断真伪能力较弱，又乐于模仿，因此伤害尤其大。电视在占用大量时间的同时，又无法提供真实、高效、有针对性的交互式互动和学习，无法发展儿童主动性、高级思维等能力，也使儿童丧失了在其他领域发展的机会。

美国儿科学会建议，2岁以下婴幼儿不应看电视，年龄稍大的儿童每天看电视累计也不要超过2小时，并且每看10~15分钟就应该休息一下。

父母可以做些什么?

◎限制孩子看电视的时间。

◎把电视从卧室中搬出来,无论是父母的卧室还是孩子的卧室。

◎与孩子讨论电视中的情节,指出更符合实际的情况。比如,虽然节目中的角色从高空跳下并没有真正受伤,但在实际生活中那样做却会造成伤害或死亡。

◎关注孩子看到的广告内容,解释广告描述与生活实际之间的差异,并告诉孩子广告商的动机。

◎仔细挑选孩子观看的节目,选出那些符合儿童心理发展特点、内容富有教育意义、时长合适的节目与孩子一起观看;删除那些暴力、粗糙、聒噪、宣扬性别刻板印象的节目;向孩子解释,某些电视中的情节存在哪些问题,比如使用暴力的人会受到怎样的对待。

◎用好习惯代替一个坏习惯,培养孩子阅读、游戏的能力,并尽可能多地陪伴孩子。

8. 可以给2—3岁的孩子玩手机、iPad吗?

孩子对手机特别感兴趣,看到我们在用手机就会扑过来抢,拿在手里也有模有样地伸出手指头上下滑动,点点这个图标,看看那个动画,还自己放音乐听。在感慨孩子可爱的同时,我们内心也很矛盾,该不该给孩子玩手机呢?

对于这个问题，众说纷纭。很多专家认为，电脑、iPad 等电子设备对孩子有很多负面影响，会损害肌肉骨骼发育，损害视力的发展，消耗大量时间，扼杀想象能力，影响大脑塑造等。也有部分专家认为，这些电子产品对孩子的发展具有一定的支持作用，而且今后它们将在人类社会起到越来越大的作用，与其视为毒蛇猛兽，还不如让孩子尽早"上手"，重要的不是禁止，而应该是好好引导。

因此，低年龄儿童也并非完全不能使用电子设备，在父母的引导与陪伴下合理使用，才是其中的关键。

◎严格限制使用时间，每天不超过 15 分钟。

◎精心挑选适合孩子的软件，删除那些竞技、学习知识为主的，而选择那些给孩子充分的想象力与创造力发挥空间的软件。

◎不要简单地把孩子扔给电子产品，时常陪伴孩子，关注孩子的兴趣点，防止孩子沉溺其中，适时引导。

◎建议儿童具有一定的阅读经验与兴趣之后，再开始使用电子设备。

9. 孩子喜欢吃零食，不吃饭，怎么办？

宝宝吃饭的时候，总说饱了吃不下。给他喂一口饭，他会含在嘴里半天都不吞下去。可刚过了饭点没多久，他就开始嚷着"饿"，要吃零食。不给吃吧，又怕饿坏他；给他吃吧，到该吃饭的时候他又会吃不下。跟他讲道理，他根本听不进去，真不知道该怎么办！

两次正餐之间，可适当给孩子吃一些健康零食。但如果零食影响了孩子正餐的进食或消化，则父母就需要帮助孩子改正了。

如果说教的效果不好，可以尝试自然后果法。如果孩子犯了错，造成了不良的后果，就让他自作自受，亲身体验并承担自己所犯错误造成的不良后果，从中接受教训。

比如，父母首先要用平和的语气告知孩子："宝贝，现在你不吃饭，那么等饭点过了，你会觉得饿，那个时候想吃就没人给你做饭吃了。没有好好吃正餐的孩子，其他的东西都不能吃的哦。"然后询问宝宝："你听懂了吗？现在你要好好吃饭，吃饱之后过一会儿，还有零食吃。你选择哪一个呢？"

如果宝宝仍然不吃饭，就要把宝宝的饭碗收起来，其他家庭成员要吃得香香的，不去理睬不吃饭的宝宝。等宝宝饿了要吃零食时，父母要无奈地对宝宝表达遗憾的心情说："怎么办？没有饭了，而且不吃饭是不能吃零食的。怎么办呢？饿肚子好难受是不是？"宝宝看到妈妈不生气，知道并体会到了不吃饭就会饿肚子的后果，就会自然懂得要吃饭才不会饿肚子，并且饭后还可以吃适当的零食。

使用的时候应注意，自然后果不是惩罚，是儿童自己——而不是他人——承担他行为的必然后果。并且，成人在使用时应保持心平气和，切忌嘲笑讽刺。

10. 孩子总是吵着要喝饮料，怎么办？

自从孩子喝了几次饮料后，就一直念念不忘，给白开水不喝，非要喝饮料。每次去超市，孩子也一定要买饮料。虽然知道让孩子喝多了饮料不好，可是不知道怎么改掉他这个坏习惯。

2—3岁的孩子正处于味蕾发育与饮食习惯形成的关键时期。摄入过于刺激的食品，会伤害味蕾的生长。如果让孩子喝酸甜口味的饮料，一段时间后，他会对青菜、白开水等清淡的食物产生排斥心理，对酸甜味道产生依赖，形成较重的口味，从而进一步增大对饮料的消费。除饮料外，其他不健康的食品如腌腊制品、油炸食品也是如此。长此以往，孩子的味蕾、肠胃和肾脏的发育都会受到伤害。

如何才能让孩子少喝甚至不喝饮料呢？父母以身作则是关键：

◎不主动购买、饮用各种饮料，至少在孩子面前不这样做。

◎尽量杜绝各种饮料进入家庭。

◎注意孩子看到的各种关于饮料的广告，解释广告描述与生活实际之间的差异，并告诉孩子广告商的动机。

◎给孩子购买各种具有吸引力的杯子，必要时有规律地替换，减低饮料外包装对孩子的吸引，增加孩子饮水的动机。

◎可自制一些健康饮料，如豆浆、酸梅汤、柠檬茶、大麦茶等，适度满足孩子心理上对新奇事物的需求。

11. 孩子2岁多了还不会说话，正常吗？

"我家孩子 2 岁多了，还不会说话。"看着同龄孩子已能说完整的句子，点点妈妈特别着急，倒是点点奶奶很坦然，认为这是"贵人语迟"，再大点儿自然就会说话了。

孩子到底什么时候能学会说话？这个问题很难回答。一般来说，孩子在 6—7 个月时，会无意识地叫爸爸、妈妈；1 岁时开始出现第一批可以被理解的语言，如"饭饭""糖糖"等简单的词；到了 2 岁就可以说出 300~400 个词和一些简单的短语，如"吃饭""上班"等。但是每个孩子的发展情况不同，差异常常是很大的，个别孩子甚至 4 岁才开口——但是一旦开始说话，往往话多，也清晰。

通常，男孩"开口"会比女孩晚一些，整个童年期语言能力也较女孩差一些。如果爸爸妈妈说普通话，爷爷奶奶说本地方言，而外公外婆又说着另一个地方的语言，家庭中各种语言混杂，孩子学说话会比较困难一些，开始说话也晚。如果父母能明显感觉到孩子可以听懂大人的话，比如他会用点头或摇头等身体语言做出反应，就不用太着急，平时注意多与孩子慢慢说话、讲故事等，一般等到两三岁，孩子自然就会说话了。

部分孩子的说话晚是由疾病导致，常见的有听力障碍、自闭症与智力发育迟缓。父母可对孩子进行观察，看孩子对声音是否有反应，对成人说话是否注意，是否有兴趣，是否伴有面容体态异常、运动发育迟缓、喂养困难等。如果孩子有异常，需要立即就医，寻求专业的帮助。及早诊断才能抓住康复训练的最佳期，如果父母抱有侥幸心理，固执地认为自己孩子没有问题而不去就诊，则可能酿成大错。

12. 孩子时时刻刻缠着我，怎么办？

工作、孩子以及家务常常让父母感到喘不过气来。对于孩子和孩子的要求，你总是试图无保留地付出，但是精疲力竭之感又常使你焦躁，甚至发脾气，事后又深感内疚。这个恶性循环，怎么破？

第一，需要明确的是，除了工作、孩子与家务之外，你需要给自己时间，健康、快乐、充满活力的父母无可取代，是孩子成长之路的榜样与信心之源。

第二，无时无刻地陪伴孩子并非是助他成长的最好方式。孩子总是试图尽可能获得他人的注意，但是等待、忍耐也是2—3岁孩子需要去学习的。大人只能是孩子成长的引导者、点拨者、启发人，真正的探索要孩子自己一个人去做，别无他法。因此，要给他独处的时间，即使是2—3岁的孩子。

下列建议你可以尝试：

◎规律、有序安排与孩子相处的时间，如游戏、晚饭、运动、阅读等，并和家人分配各人的角色。

◎做家务时尽量不要把孩子排除在外，2—3 岁的孩子可以帮你做诸如传递、寻找、清洗等很多事情。这样你可以更了解孩子，他也会觉得自己很棒。

◎如果孩子等了一整天想和你玩，你回到家时，应放下其他事，先和他一起玩 15 分钟，或者做家务时和他一起聊聊。

◎当你工作时，孩子常常会来要求你帮助他。有时候，孩子这么做仅仅是想确认，他比你的工作更重要！鼓励他自己解决问题，并使用一些肢体抚慰的动作，比如亲他一口，拥抱一下，让孩子感受到你的爱。

◎如果可能，你可以到另一间屋子里去工作。这样，一方面可以帮助你更快完成工作，回到孩子身边来；另一方面，孩子没有看见你也能更投入地进入游戏。你有时也是一个干扰源，不是吗?

◎寻找一些你可以休息时进行的游戏。比如，你躺在沙发上，假装是鳄鱼妈妈，驮着你的宝宝在河里巡游……

◎努力创造条件，鼓励孩子自己玩，并为他的成就惊叹，让他发现自己的力量。你甚至可以把他的作品拍下来，或者装裱起来，向来家中做客的人介绍。

◎现代机械可以解决的家务可以尽量放手，毕竟一个人的精力、时间和意志力都是有限的。

13. 孩子不满3岁就上托儿所，会影响他的成长吗？

我家宝宝才 2 岁多，白天一直是奶奶一个人照料。可是，奶奶身体突发不适，不能照看宝宝了，只好把宝宝送到托儿所去。离开时看到宝宝哇哇大哭，我的心都碎了，我这样做对吗？宝宝毕竟还没满 3 岁，这么小上托儿所，会不会对他的发展造成不利影响呢？

在我国，很多双职工家庭都是由老人来照料孩子，若家中没有老人帮助，则孩子在白天的保育往往需要依靠日托机构。那么，孩子不满 3 岁就入园入托，是否会影响孩子的心理健康？

孩子的年龄并不是最关键的，托幼机构的质量才是决定性因素。如果机构品质高，提供了很好的环境，比如安全、健康饮食、有关注、有刺激鼓励，再加上一些额外的条件，包括有社交、教育、身体活动、表现创意的机会等，不但不会影响孩子的发展，而且还能够促进孩子的成长。

所以，为孩子精心挑选托幼机构后，你即可安心，绝大多数 2—3 岁的孩子已经适应与母亲暂时分离，在优质托幼机构内的生活也的确有利于他的认知发展。

其实，不管是托幼机构保教，还是老人照料，甚至是全职妈妈照顾，都不能简单地认为这种方式对孩子的发展有利还是不利，关键要看对孩子照料的品质如何。如果家中的环境刺激比较缺乏，更多以看电视等构成日常主要活动，那么孩子的发展肯定也会受到影响。

14. 孩子在托儿所喜欢咬人，怎么办?

团团是个可爱的小姑娘，但是她有一个坏习惯：当她发现自己喜欢的东西不能立刻拿到时，就会咬人；在排队的时候别人插在她前面，她也会咬人；或者别人不小心坐了她的位置，她也会咬人。爸爸妈妈告诉她不能咬人，否则就没有人愿意和她做朋友了。虽然她每次也表现出很后悔、很伤心的样子，但是咬人的行为并没有减少，爸爸妈妈很是头疼。

对于2—3岁的孩子，咬人是一个常见的攻击性行为，父母应和老师们做好沟通工作，共同观察孩子通常在什么时候咬人。

有的孩子语言表达能力发展较慢，在和小朋友发生纠纷时，不能痛快地用语言诉说委屈或者发泄怒气，就容易有咬人的行为。若是这种情况，父母要注意帮助孩子发展语言能力，孩子会表达自己的情况和情绪之后，攻击性行为也会大为减少。

有的孩子对个人空间有着很高的要求，当别人有意、无意侵占时，便会有过当的反应。若是此种情况，需要和教师沟通，给孩子充分融入集体的时间。同时，还可以多给孩子提供和同龄人相处的机会，如邀请小朋友来家玩，帮助孩子适应集体生活。

有的孩子缺乏正确的社会交往技能，不知道喜欢别人正在玩的玩具，可以用请求的口吻去借，也可以用自己的玩具进行交换；别人拿了自己的玩具，可以要求别人退还，也可以请求教师的帮助；

等等。在家中，父母可以教给孩子这些方法，并进行适当的演练，当孩子做对时，给予正强化。

有的孩子刚刚离开父母，进入一个新环境，会感到紧张，不能较快适应集体生活的作息、活动安排或者规则要求，由此产生了很多情绪和挫折感。孩子的负面情绪无从发泄，也会增加攻击性行为。这时候，父母应调整家中的作息、活动与要求，与托儿所同步；并与孩子进行更多的沟通，包括语言上的和抚触上的，让他了解别人明白他的感受。同时，请求教师对孩子给予更多关注。

15. 家里有了二宝后，大宝闹情绪，怎么办？

家里多了一个事事都要人照顾的家伙，偏偏人人都对他有求必应，笑呵呵；对我呢，我要妈妈给我拿一罐牛奶都要被说："你自己能做到。"是不是妈妈爱那个小宝宝胜过我？看来，家里只有一个孩子能获得爸爸妈妈的喜爱，我要事事争先，让爸爸妈妈看到我才是最棒、最值得关注的小孩。

很多人认为，如果家里有两个孩子，年龄差距最好不要超过 3 岁，这样两个孩子就能玩到一起。但是，即使孩子年龄真的差不多，家庭中也常会产生激烈的争执，让父母头痛不已。

（1）不该这么做：

◎对 3 岁以下的孩子说教，包括一些关于新生儿的事情，或者作为哥哥、姐姐的责任，这是没有效果的，他听不懂那些大道理。

◎在大宝面前表现出对新生儿过分的喜爱或大惊小怪，这样会让他觉得自己被取代了。

◎把两个孩子相互比较。

◎否定孩子的感受，或者说"你怎么会这样"。

◎认为纠纷出现时一定会有欺压者和受害者。比如，你总是以为大宝一定有错（欺压者），并同情二宝（受害者），感觉大人有责任去拯救他。

（2）平时应注意做到：

◎给大宝更多照料和关注，如果你没有时间，请确保爸爸（或其他成人）能够这样做。

◎接受大宝的变化，明白他需要一段时间来调整自己的想法和在家庭中的角色。

◎确保每天和每个孩子有单独相处的时间。

◎和大宝一起读读有关嫉妒的绘本，让他知道嫉妒别人是很正常的情绪。

◎在行动上做到公平。

◎抓住机会让大宝知道你很爱他，用语言和肢体来表达。

◎多让两个孩子相处。

主要参考文献

1. 顾灵玲. 巧用绘本，有效疏导幼儿的负面情绪［J］. 基础教育研究，2015（2）.

2. 李湘兰，陈传锋. 自我意识情绪的概念、特征与模型［J］. 心理研究，2010（2）.

3. 李燕，吴维屏. 家庭教育学［M］. 杭州：浙江教育出版社，2009.

4. 李燕. 学前儿童发展心理学［M］. 上海：华东师范大学出版社，2008.

5. 王恩国，郭明印. 儿童性别角色发展及其影响因素［J］. 心理研究，2008（2）.

6. 陈璟，李红. 幼儿心理理论愿望信念理解与情绪理解关系研究［J］. 心理发展与教育，2008（1）.

7. 埃姆斯，伊尔克. 你的2岁孩子［M］. 崔运帷，译. 南昌：江西科学技术出版社，2012.

8. 博伊德，比. 发展心理学——孩子的成长［M］. 范翠英，田媛，等译. 北京：机械工业出版社，2011.

后 记

　　《这样爱你刚刚好》是自孕期开始至大学阶段一套完整的新父母教材，全套共20册，0—20岁每个年龄段一本。之所以如此设计，是基于向不同年龄孩子的父母提供精准专业服务的需要。与常见的家庭教育图书相比，它不是某一位作者的个人体会和心得，而是40余位国内家庭教育专家集体研究和讨论的结晶，具备完整、科学的体系，代表了我国家庭教育发展的主流。

　　全国政协副秘书长、民进中央副主席、中国教育学会家庭教育专业委员会理事长、新教育实验的发起人朱永新教授，最先提出了编写如此庞大规模的新父母教材的设想，并且担任了第一主编。我和新家庭教育研究院副院长蓝玫一起，与中国青少年研究中心家庭教育研究所所长、《少年儿童研究》杂志主编刘秀英编审，中国青少年研究中心少年儿童研究所所长孙宏艳研究员和上海师范大学学前教育系主任、博士生导师李燕教授三位分主编，讨论并确立了本套教材的编写框架。

　　在中国的家庭教育领域，已经有多种多样的教材或读本，但水平参差不齐，而决定质量的关键因素是编写思想与专业水准。因此，新家庭教育研究院联合中国青少年研究中心和上海师范大学一起组建高水平的专业团队，来完成这一重大而具有创新意义的任务。具体分工如下：由上海师范大学学前教育系承担孕期及学前教育阶段的编写任务，由中国青少年研究中心家庭教育研究所承担小学教育阶段的编写任务，由中国青少年研究中心少年儿童研究所承担中学教育及大学阶段的编写任务。

孕期及学前教育阶段的作者是：孕期，上海师范大学副教授王晓芳，上海师范大学讲师赵燕；0—1岁，南京市江宁区竹山幼儿园教研主任陈露，小小运动馆课程总监杨薇；1—2岁，上海师范大学闵行区实验幼儿园教师胡泊；2—3岁，上海师范大学天华学院教师王英杰，上海市青浦区教师进修学院教师黄开宇；3—4岁，安徽池州学院教师吴慧娴，上海市宝山区吴淞成人中等文化技术学校教师吕芳；4—5岁，上海师范大学天华学院学前教育专业主任、副教授扶跃辉，上海师范大学天华学院教育学院院长助理张丽，王茜、潘莉萍、李艳艳、黄海娟、杨艳等教师参加编写；5—6岁，上海市闵行区莘庄幼儿园教师申海燕、陆夏妍。

我与刘秀英、孙宏艳和李燕三位分主编担任了审读与修改任务，在我突患眼疾的情况下，蓝玫副主编、首都师范大学副教授李文道博士承担了部分书稿的审读任务。第一主编朱永新教授亲自审读了每一册书稿，并提出了细致的意见，承担了终审的责任。

湖南教育出版社在黄步高社长的坚强领导下，不仅以强大的编辑团队完成了出版任务，而且创办了一年一度的家庭教育文化节，为推进我国家庭教育发展提供了强大的学术支持，展现了优秀出版社的远见、气魄和水准。

作为一个从事教育事业45年的研究者，我撰写和主编过许多著作，却很少有过编写新父母教材这样细致而艰巨的体验：从研讨到方案，从创意到框架，从思想到案例，从目录到样章，等等。尽管如此，这套教材还存在很多不足。同时我也深知，一套教材的使命，编写与出版其实只是完成了一半，另一半要依靠读者完成。或者说，只有当读者认可并且在实践中发展和创新了，才是一套教材的真正成功，也是对作者和编者的最高奖赏。

我们诚恳希望广泛听取读者和专家学者的批评指正，我们对您深怀敬意和期待！

孙云晓

2017年9月

图书在版编目（CIP）数据

这样爱你刚刚好，我的2—3岁孩子 / 朱永新，孙云晓，李燕主编. —长沙：湖南教育出版社，2017.11
ISBN 978-7-5539-5728-9

Ⅰ.①这⋯ Ⅱ.①朱⋯ ②孙⋯ ③李⋯ Ⅲ.①婴幼儿—家庭教育 Ⅳ.①G781

中国版本图书馆CIP数据核字（2017）第214023号

ZHEYANG AI NI GANGGANGHAO，
WO DE 2—3 SUI HAIZI

书　　名	这样爱你刚刚好，我的2—3岁孩子	
出 版 人	黄步高	
责任编辑	廖芬芳　罗佳鑫	
封面设计	天行健设计	
责任校对	鲍艳玲　丁泽良	
出　　版	湖南教育出版社（长沙市韶山北路443号）	
网　　址	http://www.hneph.com	
电子邮箱	hnjycbs@sina.com	
微信服务号	极客爸妈	
客　　服	电话 0731-85486979	
发　　行	湖南省新华书店	
印　　刷	深圳当纳利印刷有限公司	
开　　本	787×1092　16开	
印　　张	12.25	
字　　数	100 000	
版　　次	2017年11月第1版　2017年11月第1次印刷	
书　　号	ISBN 978-7-5539-5728-9	
定　　价	48.00元	